TRANSFER

Die Lateinlektüre

Heft 19

Die anderen und ich

Plinius, Briefe

bearbeitet von
Christian Zitzl

C.C.BUCHNERS VERLAG · BAMBERG

TRANSFER

Die Lateinlektüre

Herausgegeben von
Clement Utz

Heft 19: **Die anderen und ich**
enthält Texte von Plinius dem Jüngeren
und wurde bearbeitet von Christian Zitzl.

1. Auflage 1 ^{654321} 2017 16 15 14 13 12
Die letzte Zahl bedeutet das Jahr dieses Druckes.

Alle Drucke dieser Auflage sind, weil untereinander unverändert, nebeneinander benutzbar.

Dieses Werk folgt der reformierten Rechtschreibung und Zeichensetzung. Ausnahmen bilden Texte, bei denen künstlerische, philologische oder lizenzrechtliche Gründe einer Änderung entgegenstehen.

www.ccbuchner.de

Lektorat: Katrin Herrmann
Layout und Satz: i.motion gmbh, Bamberg
Druck und Bindung: creo Druck & Medienservice GmbH, Bamberg

ISBN 978-3-7661-**5179**-7

Vorwort

Liebe Schülerin, lieber Schüler,

Dieses Heft bietet Ihnen eine kleine Auswahl an Briefen von Plinius dem Jüngeren; es stellt – wie auch die anderen Hefte der Lektürereihe TRANSFER – zunächst die Beschäftigung mit dem lateinischen Original in den Vordergrund. Dieses sollen Sie – ganz im Sinne des lateinischen Verbums *trans-ferre* – natürlich „übersetzen" und verstehen. Dabei sollen Sie aber nicht stehenbleiben, sondern die darin zum Ausdruck gebrachte Lebenseinstellung auch aus der Distanz betrachten und in wichtigen Fragestellungen auf heute, auf Ihre Situation „übertragen".

Um Ihnen die Lektüre zu erleichtern und einen raschen Zugang zum Inhalt der Briefe zu ermöglichen, bietet dieses Heft die folgenden Hilfen:

1. Der Band ist in überschaubare Kapitel (Doppelseiten) gegliedert, in deren Mittelpunkt meist ein Brief steht, der mit sprachlichen Erläuterungen versehen ist und dessen Verständnis durch weiterführende Texte und Aufgaben zur Texterschließung (**T**) vertieft wird.

2. Die Behandlung der Briefe soll nicht bei der Texterschließung stehenbleiben. Deshalb ist jedem Brief auch eine Aufgabe beigegeben, die zur Diskussion (**D**) anregen soll.

3. Zu jedem Kapitel gibt es im Anhang eine weitere Seite, mit der Sie die Lektüre des Kapitels vorentlasten können. Es finden sich dort
   - unter **WS** im **Normaldruck** die Vokabeln des **Spezialwortschatzes**; das sind die Wörter, die nicht in der Wortkunde adeo-Norm enthalten, aber für die Lektüre der Briefe wichtig sind; im Blaudruck stehen Vokabeln des **Grundwortschatzes**, die Sie vielleicht vergessen haben und hier gezielt wiederholen können.
   - unter **GR Grammatikphänomene**, die Sie aus dem Sprachunterricht kennen und die Sie sich hier an Beispielsätzen vergegenwärtigen können. Die Beispiele sind so gewählt, dass sie sich der Originalstelle annähern. Zum besseren Verständnis können Sie diese Grammatikphänomene auch in Ihrer Grammatik wiederholen.

   Wenn Sie sich mit **WS** und **GR** vor der Lektüre des jeweiligen Kapitels intensiv beschäftigen, können Sie Ihre Kenntnisse unmittelbar anwenden und die Texte schneller verstehen. Vorab ist zudem ein Blick auf S. 35 hilfreich. Dort erhalten Sie grundlegende Informationen zum Umgang mit einem Wörterbuch und zur Analyse komplizierter Satzgefüge.

4. Für die Übersetzung stellt oft auch die Kenntnis der sog. **Stilmittel** eine wichtige Hilfe dar. Deshalb empfiehlt sich stets auch ein Blick auf Seite III, die Sie während der Lektüre auch ausklappen können.

5. Wichtige Bereiche der Formenlehre und Syntax können zusätzlich durch Aufgaben und Übungen wiederholt werden, die mit einem **S** (für Spracharbeit) gekennzeichnet sind. Ein hinzugefügter Stern (*) empfiehlt die Behandlung der Aufgabe vor der Textlektüre.

Autor und Herausgeber

1 Plinius – im Dienst seiner Majestät

Como, Italien

Vor der Fassade des Domes lauscht eine Reisegruppe den Ausführungen des Reiseleiters: „Und hier (↗ Abb.) sehen Sie die Statue eines der größten Söhne unserer Stadt. Plinius wurde 62 n. Chr. in Como geboren. Als bald darauf sein Vater starb, wurde er von seinem gleichnamigen Onkel Plinius – zur Unterscheidung nennen wird die beiden heute Plinius den Jüngeren bzw. Plinius den Älteren – adoptiert und siedelte ca. 75 nach Rom über. Dort erwarb er bei Quintilian, dem berühmtesten Redelehrer seiner Zeit, das für den Anwaltsberuf nötige rhetorische Handwerkszeug. Als im Jahr 79 sein Onkel beim Vesuvausbruch in der Nähe von Pompeji ums Leben kam, übernahm der Senator Verginius Rufus, ein Freund von Plinius dem Älteren, die Vormundschaft für Plinius und förderte entschieden dessen Karriere unter Kaiser Domitian (↗ S. VI). So konnte Plinius zunächst als Anwalt Fuß fassen, um danach im Jahr 88 zum Quästor (↗ S. V) und im Jahr 93 sogar zum Prätor (↗ S. V) ernannt zu werden. In den Jahren 95-96 erfüllte er die vertrauensvolle Aufgabe der Verwaltung der staatlichen Kasse zur Veteranenversorgung. Als Domitian 96 ermordet wurde, bedeutete das für Plinius anders als für viele seiner Zeitgenossen keinen Karriereknick – im Gegenteil: Nachdem unter Kaiser Nerva (↗ S. VI) der Weg zur Macht für Trajan geebnet worden war, wurde Plinius ein wichtiger Mitarbeiter des neuen Kaisers, dessen Aufstieg er loyal unterstützt hatte. Trajan machte ihn zunächst in den Jahren 98-100 zum Leiter der Staatskasse. Dann ernannte er ihn zum Konsul (↗ S. V) für das Jahr 100; die in solchen Fällen übliche Dankrede des neuen Konsuls im Senat nutzte Plinius dazu, einen Lobpreis (Panegyricus) auf Kaiser Trajan anzustimmen. Im Jahr 103 wurde Plinius in das erhabene Priesterkollegium der Auguren aufgenommen. Von 104 bis 107 fungierte er als Wasserbauinspektor in Rom, ein für die Lebensqualität der Bevölkerung Roms eminent wichtiges Amt, da der Hochwasserschutz ebenso zu den Aufgaben des Wasserbaumeisters gehörte wie die Instandhaltung der Kanalisation. Parallel zu diesen Ehrenämtern ging Plinius weiter seiner Tätigkeit als Anwalt nach. Denn wie für die übrigen Mitglieder des Senatorenstandes war es auch für den Patron Plinius Ehrensache, seine Klienten und Freunde vor Gericht zu vertreten. Doch dann schickte ihn Trajan mit neuen Aufgaben (↗ S. 32-34) in die Provinz Bithynien-Pontus (↗ S. VII), wo er wohl nach 113 im Dienst für seinen hochverehrten Kaiser verstarb."

T1 · Erstellen Sie aus den Ausführungen des Reiseleiters einen tabellarischen Lebenslauf Plinius' des Jüngeren.

SIC

Aus dem Panegyricus auf Kaiser Trajan

„Heute werden die Tugenden unter einem *Princeps* ebenso belohnt wie im freien Staatswesen, und edle Taten finden ihren Lohn nicht nur im eigenen Gewissen. Du liebst Charakterfestigkeit bei deinen Untertanen, und aufrechte und kraftvolle Naturen werden von dir nicht, wie von andern, gebeugt und niedergedrückt, sondern bestärkt und gefördert. Nun bringt Gutsein den Menschen Vorteil, wo es doch schon mehr als genug ist, wenn es nicht schadet. Solchen guten Männern trägst du Ämter, Priestertümer und Provinzen an, sie stehen hoch in deiner Freundschaft und deinem Urteil. Leute von ähnlicher Gesinnung werden angespornt durch diese Anerkennung, die man der Lauterkeit und Einsatzfreude zollt; auf Leute von anderer Art übt sie werbende Kraft. Denn je nach der Belohnung für Gutsein oder Schlechtsein werden die Menschen gut oder schlecht." (Plin., *Pan.* 44, 6-7; in Übersetzung von W. Kühn)

Auf eine Nachfrage bezüglich der Handhaltung der Statue antwortet der Reiseführer:

„Wir haben das Glück, in einem reichen Land in einer nun schon lange friedlichen Umgebung zu leben. Deshalb müssen wir nicht ums Überleben kämpfen, sondern können uns Gedanken darüber machen, wie wir unser Leben gestalten wollen. Diese glückliche Lebenslage verbindet uns mit den Angehörigen der römischen Oberschicht am Anfang des 2. Jh. n.Chr., die ähnlich gut lebten wie wir heute. Einer dieser Glücklichen war **Plinius**. Denn er hatte das nötige Geld und die Zeit, um über Sinn und Gestalt der ihn umgebenden Welt nachzudenken und zu schreiben. Was ihn vor allem interessierte, war aber nicht mehr die Naturphilosophie der Vorsokratiker mit ihrer Frage nach dem Urstoff des Lebens, es waren auch nicht platonische Gedanken zu Staat und Politik (↗ S. 48) – es war vielmehr die Frage nach dem individuellen Glück, nach der für ihn selbst, aber auch für die anderen richtigen **Lebensphilosophie**. Wie menschliches Handeln nach Ansicht des Plinius aussehen muss bzw. nicht aussehen darf, das erläutert er in **Briefen** an seine Freunde, in denen er sein eigenes Verhalten und das der anderen nicht nur beschreibt, sondern auch bewertet.

Auf diese Briefe verweisen das Buch in seiner linken und die heute fehlende Feder in seiner rechten Hand."

Tommaso und Jacob Rodari, Plinius der Jüngere (Fassade des Domes Santa Maria Maggiore, Como)

Trajan – *optimus princeps*

Rom, 98 n. Chr.

Plinius wendet sich nach dem Tod Kaiser Nervas (↗ S. VI) an dessen Adoptivsohn und Nachfolger Trajan:

A C. PLINIUS TRAIANO IMPERATORI

Tua quidem pietas, imperator sanctissime, optaverat, ut quam tardissime succederes patri. Sed di immortales festinaverunt virtutes tuas ad gubernacula rei publicae, quam susceperas, admovere. Precor ergo, ut tibi et per te generi humano prospera omnia, id est digna saeculo tuo, contingant. Fortem te et hilarem, imperator optime, et privatim et publice opto. (*ep.* 10,1)

tardus langsam, spät – **festīnāre** (m. Inf.) es eilig haben, etw. zu tun – **admovēre** h. bringen – **id est** das heißt – **hilaris**, *e* heiter, fröhlich – **fortem tē et hilarem ... optō** ~ *optō, ut fortis et hilaris sis* – **prīvātim / pūblicē** im eigenen Namen / im Namen aller Bürger

B C. PLINIUS TRAIANO IMPERATORI

Cum divus pater tuus, domine, et oratione pulcherrima et honestissimo exemplo omnes cives ad munificentiam esset cohortatus, petivi ab eo, ut statuas principum, quas in longinquis agris (...) custodiebam, permitteret in municipium transferre adiecta sua statua. Quod quidem ille mihi cum plenissimo testimonio indulserat. Ego statim decurionibus scripseram, ut assignarent solum, in quo templum pecunia mea exstruerem. Illi in honorem operis ipsius electionem loci mihi obtulerant. Sed primum mea, deinde patris tui valetudine, postea curis delegati a vobis officii retentus, nunc videor commodissime posse in rem praesentem excurrere. Nam et menstruum meum Kalendis Septembribus finitur, et sequens mensis complures dies feriatos habet. Rogo ergo ante omnia, permittas mihi opus, quod incohaturus sum, exornare et tua statua. Deinde, ut hoc facere quam maturissime possim, indulgeas commeatum. (...) (*ep.* 10,8)

cohortārī eindringlich ermuntern – **prīncipum** ~ *Caesarum* – **mūnicipium** (↗ S. V) – **trānsferre** ~ *ferre* – **adiectā suā statuā** ~ *et statuam suam adicere* – **ille** ~ *Nerva* (↗ S. VI) – **testimōnium** (Zeugnis der) Anerkennung – **indulgēre** (Perf. *indulsī*) bewilligen – **decuriō**, *ōnis* (↗ S. V) – **assīgnāre** zuweisen – **solum** h. Grundstück – **exstruere** errichten – **illī** ~ *decuriōnēs* – **ēlēctiō**, *ōnis* Auswahl – **dēlēgāre** übertragen – **retentus** (*sum*) ich wurde gehindert – **nunc** (*autem*) – **in rem praesentem excurrere** zur persönlichen Durchführung der Sache Rom verlassen – **mēnstruum** Monatsdienst – **Kalendīs Septembr.** (↗ S. V) – **diēs fēriātus** Feiertag – (*ut*) **permittās** – **et** ~ *etiam* – **quam mātūrissimē** möglichst bald – (*rogō, ut*) **indulgeās** – **commeātus**, *ūs* Urlaub

C TRAIANUS PLINIO

Et multas privatas et omnes publicas causas petendi commeatus reddidisti. Mihi autem vel sola voluntas tua suffecisset. Neque enim dubito te, ut primum potueris, ad tam districtum officium reversurum. Statuam poni mihi a te eo, quo desideras, loco, quamquam eiusmodi honorum parcissimus, tamen patior, ne impedivisse cursum erga me pietatis tuae videar. (*ep.* 10,9)

causās ... reddere Gründe angeben
sufficere (Perf. *suffēcī*) ausreichen

districtus vielfältig in Anspruch nehmend – **reversūrum** (*esse*) – **parcus** (*sum*)
parcus esse (m. Gen.) sparsam mit etw. umgehen

T1 Plinius redet Trajan am Ende von A mit *imperator optime* an. Lesen Sie den sic-Text und erläutern Sie, wie Plinius diesen Titel für Trajan rechtfertigt.

T2 Erschließen Sie mithilfe eines Wörterbuches die Begriffe *indulgentia* und *pietas*. Umschreiben Sie dann anhand dieser Begriffe das Verhältnis, in dem Plinius und Trajan zueinander stehen. Erklären Sie dabei, was einen heutigen Leser am Verhalten des Plinius gegenüber Trajan stören könnte.

T3 Recherchieren Sie in Gruppen zum Kaiserkult und zur politischen Propaganda durch Statuen (Cäsar; Augustus; Vespasian; Trajan: siehe Abb.) im römischen Reich. Diskutieren Sie im Anschluss an die Präsentation Ihrer Ergebnisse, ob man die Aussage Trajans – *eiusmodi honorum parcissimus* (C, Z. 6-7) – für wahr halten kann.

Trajanstatue aus Ostia

sic

Trajan

Das Jahr 96 n. Chr. markiert als Epochenjahr der römischen Geschichte nicht nur den Herrschaftsantritt des vom Senat gewählten Kaisers Nerva (96-98), sondern als Beginn der Zeit der Adoptivkaiser einen Wandel in der Herrschaftsfolge: Sowohl in der von Augustus begründeten julisch-claudischen Dynastie als auch während der Zeit der Flavier definierte sich Herrschaft durch familiäre Herkunft. Jetzt bestimmt der regierende Kaiser durch Wahl seinen Nachfolger. Nerva wählt den ca. 53 in Italica (Spanien) geborenen Trajan, der ordentlicher Konsul des Jahres 91 war und seit 97 Statthalter in der Provinz *Germania superior* ist. Trajan gestaltet seine Herrschaft als bewussten Kontrast zu der Domitians (81-96) und gilt nicht nur für Plinius als optimaler Herrscher (*optimus princeps*). Dieses Ansehen festigt er durch seine militärischen Erfolge, die er in zwei siegreichen Kriegen gegen das Volk der Daker beweist. Die Kriegsbeute investiert er in Infrastrukturmaßnahmen wie Straßen, Brücken, Wasserleitungen und Thermen – also für die Soldaten und das Volk. Zeitgleich dokumentiert er mit den Trajansthermen (↗ S. 8) und dem Trajansforum (↗ S. 10) seine Macht. Bei seinem Tod 117 auf einem Feldzug gegen die Parther hat das römische Reich seine größte Ausdehnung erreicht. Für die Römer steht Trajan auf einer Ebene mit Augustus: *Sis felicior Augusto, melior Traiano* – Mögest Du glücklicher sein als Augustus, besser als Trajan! Diesen frommen Wunsch rufen die Senatoren später jedem *Princeps* bei seinem Amtsantritt zu.

3 Des Kaisers neue Bauten

Rom, 22. Juni 109 n. Chr.

Trajan weiht – wohl in Anwesenheit des Plinius – seine neuen **Thermen** ein:

„Der gewaltige Baukomplex von 337 x 296 m, der einen Gegenpol zum Palatin bildete, ja wie eine Akropolis die tiefer liegende Stadt, den Bereich der Foren und auch das Colosseum dominierte, beherrschte nunmehr die Silhouette Roms ebenso wie Kapitol und domitianischer [Kaiser Domitian war einer der Vorgänger Traians] Kaiserpalast. Nach einer Bauzeit von nur fünf Jahren, was durch die Ziegelstempel belegt wird, weihte der *Princeps* den Thermenkomplex, die erste der großen Kaiserthermen, am 22. Juni 109 ein und übergab sie feierlich der Öffentlichkeit. (...) Zwei Tage nach der Einweihung, am 24. Juni 109, wurde auch die neue, von Traian erbaute Wasserleitung, die Aqua Traiana, eröffnet. Sie führte über Kanäle, Tunnel und Aquädukte Wasser vom Lago Bracciano 30 km nordwestlich von Rom in das wenig privilegierte Wohngebiet Transtiberim (Trastevere), aber auch direkt zum Oppius [ein Ausläufer des Esquilin-Hügels], um den enormen Wasserverbrauch der neuen Thermen zu speisen. Durch den Ausbau der Wasserleitungen des Anio Novus und der Aqua Marcia brachte der Kaiser seine Fürsorge für die Bevölkerung der Stadt Rom zum Ausdruck, der er mit den Thermen nicht nur eine Badeanlage – die eigentlichen Thermen bildeten nur den zentralen Baukomplex von 190 x 212 m –, sondern ein multifunktionales Kultur-, Kommunikations- und Freizeitzentrum, wie wir heute sagen würden, geschaffen hat. Die nach außen völ-

Trajansthermen (Rekonstruktion: i.motion gmbh)

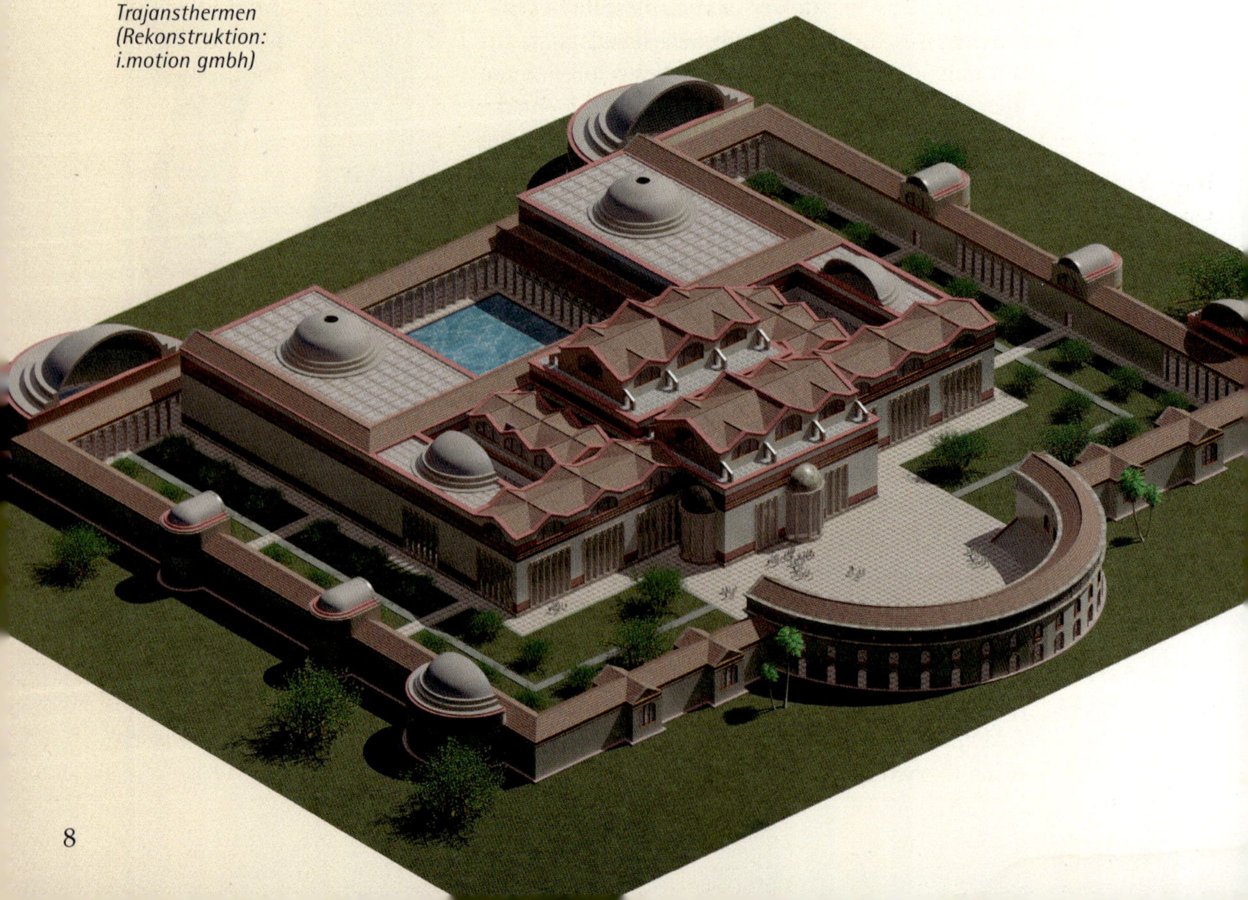

lig abgeschlossene, im Inneren mit wertvollen Baumaterialien prunkvoll ausgestaltete Anlage bot mit Sportplätzen, Wandelhallen, Bibliotheken, Grünanlagen, Kleintheatern und den symmetrisch angeordneten, gewaltig dimensionierten Hallen und Räumen des eigentlichen Badekomplexes (Frigidarium/Kaltbad, Tepidarium/Lauwarmbad, Caldarium/Warmbad und Sudatorium/Schwitzbad) der Bevölkerung einen bisher so nur der Oberschicht in ihren Villen zur Verfügung stehenden Luxus." (K. Strobel: *Kaiser Traian*, 307-308)

Neben den Trajansthermen verfolgt Trajan ein weiteres Großprojekt im Herzen Roms. Aus der Beute der Dakerkriege (↗ S. V) lässt er ein neues **Forum** errichten (↗ S. 10; S. VII), das am 1. Januar 112 eingeweiht wird:

„Mit seinen gewaltigen Dimensionen, einer Breite von rund 185 m und einer Länge von 260 m, übertraf das Trajansforum alle anderen Kaiserforen Roms. Verbaut wurden 70600 m³ Gussbeton und 39000 m³ gebrochener Stein, 33000 t Marmor, 3900 t Granit, von den Unmengen verwendeter Ziegel ganz zu schweigen. (...) Vom Marsfeld her betrat man den Komplex durch die monumentale Eingangshalle, um direkt in den Hof der Säule zu kommen, der von den beiden Bibliotheken flankiert war. Von dort aus konnte man die mehrstöckige Basilica Ulpia betreten, die den Abschluss des Forumsplatzes bildete und die Säule [↗ S. 11] mit ihrem sakralen Bereich vom lebhaften Alltagsgeschäft abschloss. (...) Der Haupteingang zum Forum war jedoch vom Augustusforum her konzipiert, dessen Westfront dazu durchbrochen wurde. (...) Trat man in den Hof, so stand man dem gewaltigen Reiterstandbild des siegreichen Imperator Traianus, dem *Equus Traiani* gegenüber. (...) Das Fundament des Standbildes misst 7,54 x 3,76 m; das Monument selbst hatte wahrscheinlich eine Höhe von mehr als 12 m. (...) Hinter dem *Equus Traiani* erhob sich für den Besucher die prunkvolle Schaufassade der Basilica Ulpia. Auf den Balkonen über den drei Eingängen standen die vergoldeten Bronzegruppen des triumphierenden Kaisers in der Quadriga bzw. Biga. Vor der Front der Basilica Ulpia waren schon bei der Weihung Anfang 112 acht überlebensgroße Bronzestatuen des Kaisers aufgestellt, alle mit dem gleichen Widmungstext: „Senat und Volk von Rom dem Kaiser, der sich auf das Trefflichste um den Staat im Inneren wie im Felde verdient gemacht hat." Waffenfriese und Inschriften aus vergoldeten Bronzebuchstaben schmückten die Attika der Basilika zwischen den Statuen unterworfener Daker. In den halbkreisförmigen Exedren der seitlich den Hof flankierenden Säulenhallen standen die monumentalen Standbilder der Angehörigen des Kaiserhauses: Traian, seine Eltern, Plotina, Marcina und Matidia." (K. Strobel: *Kaiser Traian*, 309-316)

T1 Recherchieren Sie in Partnerarbeit zu Nero und Vespasian. Präsentieren Sie Ihre Ergebnisse in der Klasse und erklären Sie, weshalb die Trajansthermen eine Fortsetzung der Baupolitik Vespasians darstellten.

T2 Recherchieren Sie in Partnerarbeit zum Trajansforum. Präsentieren Sie Ihre Ergebnisse in der Klasse und erklären Sie unter Einbezug der Abb. auf S. 10, warum Trajan in seinem Forum die Position einnahm, die in den anderen Foren den Göttern zukam.

3 Des Kaisers neue Bauten

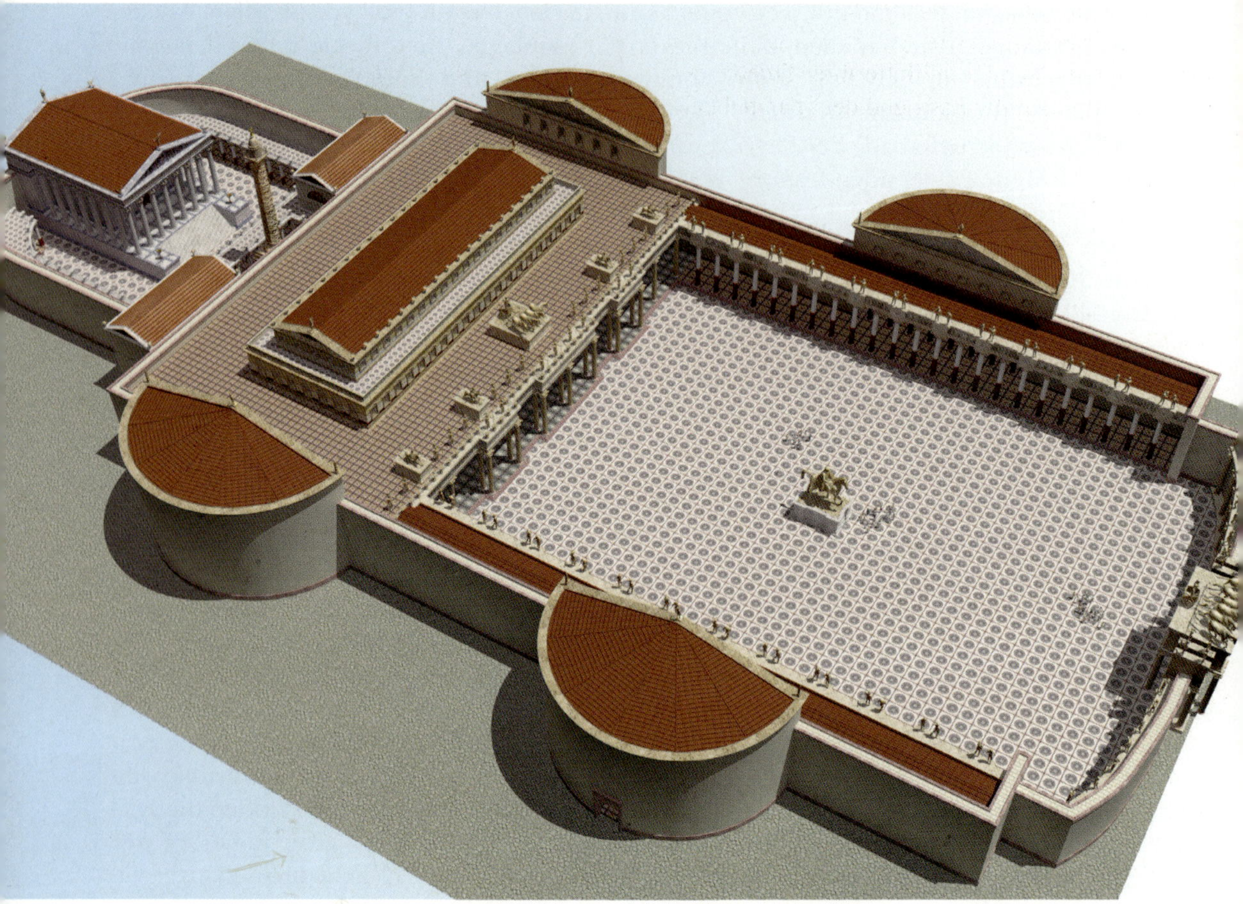

Trajansforum (Rekonstruktion: i.motion gmbh)

Das Trajansforum ist zum Zeitpunkt seiner Einweihung noch nicht vollständig fertiggestellt. Seinen krönenden Abschluss erhält es erst am 12. Mai 113 mit der Weihung der Trajanssäule. Bis zum heutigen Tag ragt diese Säule am Rand des Forums auf. Auf ihrer Basis und ihrem Kapitell sind die folgenden Inschriften zu lesen.

SIXTUS V / B(eato) PETRO / APOST(olo) / PON(tificatus) A(nno) III

SENATVS • POPVLVSQVE • ROMANVS
IMP(eratori) • CAESARI • DIVI • NERVAE • F(ilio) • NERVAE
TRAIANO • AVG(usto) • GERM(anico) • DACICO • PONTIF(ici)
MAXIMO • TRIB(unicia) • POT(estate) • XVII •
IMP(eratori) • VI • CO(n)S(uli) • VI • P(atri) • P(atriae)
AD • DECLARANDVM • QVANTAE • ALTITVDINIS
MONS • ET • LOCVS • TANT[IS • OPER]IBVS • SIT • EGESTVS

T3 Recherchieren Sie in Partnerarbeit zur Trajanssäule. Präsentieren Sie Ihre Ergebnisse in der Klasse und erklären Sie mithilfe Ihrer Ergebnisse die Inschriften auf der Basis und dem Kapitell der Trajanssäule.

Sixtus V. dem seligen Petrus, dem Apostel, im Jahre seines Pontifikats 3.
Der Senat und das Volk von Rom dem Imperator Caesar, dem Sohn des vergöttlichten Nerva, dem Nerva Trajan Augustus, Germanicus Dacicus, Pontifex Maximus, Träger der tribunizischen Gewalt zum 17., Imperator zum 6., Konsul zum 6. Mal, Vater des Vaterlandes, um deutlich zu machen, bis zu welcher Höhe der Hügel und der Bauplatz durch so große Arbeiten abgetragen wurde.

(Inschrift und Übersetzung: K. Bartels)

Einzelrelief aus der Säule: Trajan empfängt die Ehrerbietung des Dakerkönigs

Basis der Trajanssäule mit Inschrift (↗ S. 10)

Trajanssäule (aufgenommen aus südöstlicher Richtung)

4 Die beste Beschäftigung (*voluptas*)

Rom, 109 n. Chr.

Plinius macht sich daran, seine Briefe herauszugeben, die er in den Jahren 97-109 an seine Freunde richtete. Diese atmen wie die im Enstehen befindlichen Großbauwerke Trajans den Geist der neuen Zeit.

A C. PLINIUS CALVISIO SUO S.

Omne hoc tempus inter pugillares et libellos iucundissima quiete transmisi. „Quemadmodum", inquis, „in urbe potuisti?" Circenses erant. Quo genere spectaculi ne levissime quidem teneor. Nihil novum, nihil varium, nihil, quod non semel spectasse sufficiat. Quo magis miror tot milia virorum tam pueriliter identidem cupere currentes equos, insistentes curribus homines videre. Si tamen aut velocitate equorum aut hominum arte traherentur, esset ratio non nulla. Nunc favent panno, pannum amant et, si in ipso cursu medioque certamine hic color illuc, ille huc transferatur, studium favorque transibit et repente agitatores illos, equos illos, quos procul noscitant, quorum clamitant nomina, relinquent. Tanta gratia, tanta auctoritas in una vilissima tunica, mitto apud vulgus, quod vilius tunica, sed apud quosdam graves homines. Quos ego cum recordor in re inani, frigida, assidua tam insatiabiliter desidere, capio aliquam voluptatem, quod hac voluptate non capior. Ac per hos dies libentissime otium meum in litteris colloco, quos alii otiosissimis occupationibus perdunt.

VALE! (*ep.* 9,6)

Calvisius Rufus (↗ S. VI)
pugillārēs m Pl. Schreibtäfelchen
trānsmittere h. verbringen
circēnsēs m Pl. Zirkusspiele
tenēre h. (geistig) fesseln
spectā(*vi*)sse – **sufficere** ausreichen – **quō** (m. Kompar.) umso
īnsistentēs curribus hominēs Wagenlenker – **vēlōcitās**, *ātis* Schnelligkeit – **trahere** h. (in den Zirkus) ziehen – **pannus** h. Trikot (↗ Abb. S. 13) – **cursus**, *ūs* h. Rennen – **studium** h. Sympathie – **favor**, *ōris* h. Applaus – **agitātor**, *ōris* Wagenlenker – **nōscitāre** erkennen – **clāmitāre** laut schreien – **tunica** h. Trikot (↗ Abb. S. 13) – **mittō** ich will nicht sagen – **quod vīlius tunicā** (*est*) – **gravis**, *e* h. ehrwürdig – **assiduus** h. wiederholt – **īnsatiābilis**, *e* unersättlich – **dēsidēre** faul dasitzen – **collocāre in** (m. Abl.) verwenden auf etw. – **occupātiō**, *ōnis*: zu *occupātus*

S1* Was kann *voluptas* bedeuten? Die Antwort liefert Ihnen ein Blick in Ihr Wörterbuch.

S2* Listen Sie alle passivischen Formen auf. Klären Sie dann jeweils, ob eine echte Passivform oder die Form eines Deponens vorliegt.

T1 Informieren Sie sich auf S. III über die Stilmittel Alliteration und Chiasmus und belegen Sie diese am Text. Erklären Sie aus dem Kontext, welchen Effekt Plinius durch den Gebrauch dieser beiden Stilmittel in sprachlicher und inhaltlicher Hinsicht erzielt.

T2 Arbeiten Sie aus dem Text heraus, wie Plinius die Vergnügungen der Massen charakterisiert. Erschließen Sie im Anschluss daran, worin für Plinius echte *voluptas* besteht. Informieren Sie sich abschließend auf S. 47-48 und zeigen Sie, dass Plinius anders als die von ihm kritisierten Zirkusbesucher – aber auch vieler heutiger Menschen – Epikur richtig versteht.

D Erschließen Sie in Partnerarbeit anhand von A (Z. 16-20) und B (Z. 8-13) einen typischen Charakterzug des Plinius. Diskutieren Sie dann, ob dieser Charakterzug die Überzeugungskraft der Aussagen des Plinus beeinträchtigt.

B

Numquam maiorem cepi voluptatem, quam nuper ex sermone Corneli Taciti. Narrabat sedisse secum circensibus proximis equitem Romanum. Hunc post varios eruditosque sermones requisisse: ‚Italicus es an provincialis?' Se respondisse: ‚Nosti me, et quidem ex studiis.' Ad hoc illum: ‚Tacitus es an Plinius?' Exprimere non possum, quam sit iucundum mihi, quod nomina nostra quasi litterarum propria, non hominum, litteris redduntur, quod uterque nostrum his etiam e studiis notus, quibus aliter ignotus est. (*ep.* 9,23,2-3)

Niemals habe ich ein größeres Vergnügen empfunden als neulich durch eine Unterhaltung mit Cornelius Tacitus [↗ S. VI]. Er berichtete, bei den letzten Zirkusspielen habe neben ihm ein römischer Ritter gesessen. Dieser habe ihn nach einer Unterhaltung über verschiedene wissenschaftliche Themen gefragt: „Bist du aus Italien oder aus einer Provinz?" Hierauf habe er geantwortet: „Du kennst mich, und zwar aus meinen literarischen Werken." Darauf habe jener geantwortet: „Bist du Tacitus oder Plinius?" Ich kann dir nicht beschreiben, wie angenehm es für mich ist, dass unsere Namen, gleichsam der Literatur zugehörig, nicht den Menschen, sondern der Literatur zugerechnet werden; denn jeder von uns beiden ist durch seine literarischen Werke auch denjenigen bekannt, denen er sonst unbekannt ist. (Übersetzung: H. Philips)

Wagenlenker der weißen und blauen Circuspartei. An der Farbe des Trikots (tunica) konnte der Zuschauer seinen favorisierten Rennstall erkennen. (Mosaik, ca. 200 n.Chr., Museo Nazionale Romano di Palazzo Massimo, Rom)

SIC

Trajans Ausbau des Circus Maximus 103 n.Chr.

„Zuletzt hatten in Rom die Flavischen Kaiser mit dem einzigartigen Kolosseum auf eigene Kosten eine Anlage für die bei der Bevölkerung außerordentlich beliebten Massenspektakel geschaffen, die eigentlich durch kein weiteres Bauwerk dieser Art zu übertreffen war. Trotzdem setzte Trajan mit einer durchgreifenden Renovierung und einem Ausbau des *Circus Maximus* ein in Rom kaum zu übersehendes Zeichen. (...) Nicht nur im Hinblick auf das Kolosseum, sondern auch mit Blick auf den erneuerten *Circus Maximus* ist dies in der zum Schlagwort gewordenen Forderung nach „Brot und Spielen" (*panem et circenses*), die ein Zeitgenosse Trajans treffend formulierte (Iuvenal, *Satire* 10,81), passend auf den Punkt gebracht worden. Zwar ist nicht bekannt, ob dieses berühmte Schlagwort von diesem Dichter in Kenntnis des entsprechenden Engagements Trajans formuliert wurde, doch braucht die inhaltliche Übereinstimmung angesichts der Gleichzeitigkeit bestimmter Maßnahmen und Entscheidungen Trajans kein Zufall gewesen zu sein. Ohnehin ist deutlich, mit welcher Aufmerksamkeit und Intensität Trajan sein Augenmerk den Wünschen und Bedürfnissen des römischen Volkes gewidmet hatte." (H. Knell: *Kaiser Trajan als Bauherr*, 71-75)

5 Die beste Zeit (*otium*)

Plinius empfindet trotz aller Vorzüge Rom insgesamt eher als stressig. Denn wirkliche Ruhe finden kann er dort nicht, da er von vielfältigen Pflichten in Anspruch genommen wird.

A C. PLINIUS MINICIO FUNDANO SUO S.

Mirum est, quam singulis diebus in urbe ratio aut constet aut constare videatur, pluribus iunctisque non constet. Nam, si quem interroges: „Hodie quid egisti?", respondeat: „Officio togae virilis interfui, sponsalia aut nuptias frequentavi, ille me ad signandum testamentum, ille in advocationem, ille in consilium rogavit." Haec, quo die feceris, necessaria – eadem, si cottidie fecisse te reputes, inania esse videntur, multo magis, cum secesseris. Tunc enim subit recordatio: „Quot dies quam frigidis rebus absumpsi!" Quod evenit mihi, postquam in Laurentino meo aut lego aliquid aut scribo aut etiam corpori vaco, cuius fulturis animus sustinetur. Nihil audio, quod audisse, nihil dico, quod dixisse paeniteat. Nemo apud me quemquam sinistris sermonibus carpit, neminem ipse reprehendo, nisi tamen me, cum parum commode scribo. Nulla spe, nullo timore sollicitor, nullis rumoribus inquietor. Mecum tantum et cum libellis loquor. O rectam sinceramque vitam! O dulce otium honestumque ac paene omni negotio pulchrius! O mare, o litus, verum secretumque μουσεῖον! Quam multa invenitis, quam multa dictatis! Proinde tu quoque strepitum istum inanemque discursum et multum ineptos labores, ut primum fuerit occasio, relinque teque studiis vel otio trade! Satius est enim, ut Atilius noster eruditissime simul et facetissime dixit, otiosum esse quam nihil agere. VALE! (*ep.* 1,9)

Minicius Fundānus (↗ S. VI)
ratiō cōnstat man ist zufrieden (wörtl.: die Rechnung geht auf) – **iūnctus** h. aufeinander folgend – **officiō interesse** (m. Gen.) pflichtgemäß teilnehmen an – **toga virīlis** (↗ S. V) – **spōnsālia** n Pl. Verlobung – **advocātiō**, *ōnis* Beistand vor Gericht – **quō diē** ~ *eō diē, quō* – **necessāria** (*esse videntur*) – **reputāre** bedenken – **sēcēdere** (Perf. *sēcessī*) sich in die Einsamkeit zurückziehen – **absūmere** (Perf. *absūmpsī*) vergeuden – **postquam** h. seit **Laurentīnum** (↗ S. V) – **fultūra** Stütze – **audī(*vi*)sse**

nisi tamen außer
rūmor, *ōris* Gerücht – **inquiētāre** beunruhigen – **sincērus** rein

sēcrētus abgeschieden
μουσεῖον ~ *mouseion* (↗ S. V)
strepitus, *ūs* Lärm – **discursus**, *ūs* Hektik – **multum** h. sehr
satius est (m. Inf.) es ist besser – **Atīlius** (↗ S. VI) – **ērudītus** gelehrt

S1* Was kann *otium* bedeuten? Die Antwort liefert Ihnen ein Blick in Ihr Wörterbuch.

S2* Listen Sie alle Infinitive aus dem Text auf und geben Sie jeweils an, wie der Gebrauch des Infinitivs zu erklären ist (AcI; NcI; Subjekts- bzw. Objektsinfinitiv).

T1 Informieren Sie sich über die Stilmittel Anapher und Parallelismus (↗ S. III). Zeigen Sie dann am Text auf, wo Plinius diese beiden Stilmittel einsetzt, und erklären Sie, welche sprachliche und inhaltliche Absicht er damit verfolgt.

T2 Listen Sie alles aus A auf, was Plinius glücklich bzw. unglücklich macht. Begründen Sie dann, warum der Spruch des älteren Scipio, dass er niemals weniger müßig sei, als wenn er Zeit habe (*numquam se minus otiosum esse, quam cum otiosus esset.* Cic. *de off.* 3,1), auch auf Plinius zutrifft.

B Das Landgut des Plinius in Etrurien

„Abgesehen von allem Drum und Dran herrscht dort tiefere, behaglichere und darum ungestörtere Ruhe. Kein Zwang, die Toga anzulegen, kein Störenfried in der Nähe; alles still und friedlich, was wie der reinere Himmel und die klarere Luft die Heilkraft der dortigen Gegend noch erhöht. Ich fühle mich dort besonders wohl an Geist und Körper, denn den Geist trainiere ich durch Studieren, den Körper durch die Jagd." (*ep.* 5,6,45-46; Übersetzung: M. Schmitz)

Die Landgüter des Plinius

Plinius besaß mehrere Landgüter, die die Quelle seines Reichtums bildeten, der das Mindestvermögen eines Senators von 1 Million Sesterzen bei weitem überschritt: zwei am Comer See (*ep.* 9,7), eines in Etrurien, der heutigen Toskana (*ep.* 5,6), und eines nicht weit entfernt von Rom in der Nähe von Ostia, das Laurentinum (*ep.* 2,17).

T3 Informieren Sie sich auf S. 47-48 und erklären Sie, in welcher Hinsicht der Text einen philosophischen Unterton hat.

D Informieren Sie sich im sic-Text und B weiter über die Lebensumstände des Plinius. Diskutieren Sie dann, ob das Wohlbefinden eines Menschen von seiner materiellen Ausstattung abhängt.

6 Die beste Party (*frugalitas*)

Plinius tritt in seinen Landhäusern auch als Gastgeber für seine Freunde in Erscheinung. Doch der richtige Umgang mit Gästen will gelernt sein.

A C. Plinius Avito suo s.

Longum est altius repetere nec, refert, quemadmodum acciderit, ut ego – homo minime familiaris – cenarem apud quendam – ut sibi videbatur – lautum et diligentem, – ut mihi – sordidum simul et sumptuosum. Nam sibi et paucis opima quaedam, ceteris vilia et minuta ponebat. Vinum etiam parvolis lagunculis in tria genera discripserat, non ut potestas eligendi, sed ne ius esset recusandi: aliud sibi et nobis, aliud minoribus amicis – nam gradatim amicos habet –, aliud suis nostrisque libertis. Animadvertit, qui mihi proximus recumbebat, et, an probarem, interrogavit. Negavi. „Tu ergo“, inquit, „quam consuetudinem sequeris?“ „Eadem omnibus pono. Ad cenam enim, non ad notam invito cunctisque rebus exaequo, quos mensa et toro aequavi.“ „Etiamne libertos?“ „Etiam. Convictores enim tunc, non libertos puto.“ Et ille: „Magno tibi constat.“ „Minime.“ „Qui fieri potest?“ „Quia scilicet liberti mei non idem, quod ego, bibunt, sed idem ego, quod liberti.“ Et hercule, si gulae temperes, non est onerosum id, quo utaris, ipse communicare cum pluribus. Illa ergo reprimenda, illa quasi in ordinem redigenda est, si sumptibus parcas, quibus aliquanto rectius tua continentia quam aliena contumelia consulas. Quorsus haec? Ne tibi, optimae indolis iuveni, quorundam in mensa luxuria specie frugalitatis imponat. Convenit autem amori in te meo, quotiens tale aliquid inciderit, sub exemplo praemonere, quid debeas fugere. Igitur memento nihil magis esse vitandum quam istam luxuriae et sordium novam societatem! Quae cum sint turpissima discreta ac separata, turpius iunguntur. Vale! (*ep.* 2,6)

Avītus (↗ S. VI)

altius repetere weiter ausholen

sordidus geizig – **sūmptuōsus** verschwenderisch – **opīma** Pl. h. Leckerbissen – **vīlis,** *e* billig – **minūtus** gering – **parvolus** sehr klein – **laguncula** Fläschchen – **discrībere** (Perf. *discrīpsī*) einteilen – **gradātim** (Adv.) in Rangstufen

recumbere zu Tisch liegen (↗ Abb. S. 17)

nota h. Beschimpfung – **exaequāre** (m. Abl.) gleichstellen in etw. – **torus** Speisesofa (↗ Abb. S. 17) – **convīctor,** *ōris* Gast

gula h. Appetit – **onerōsus** lästig

illa ~ *gula* – **reprimere** zügeln

in ordinem redigere h. degradieren

parcās ~ *parcere vīs* – **quibus**: Dat. zu *cōnsulās* – **aliquantō** beträchtlich – **contumēlia** Beleidigung – **quōrsus** (Adv.) wozu – **indolēs,** *is* f Naturanlagen – **impōnere** (m. Dat.) täuschen, „imponieren“ – **convenit amōrī in tē meō** meine Liebe zu dir verlangt – **inciderit** ~ *acciderit* – **praemonēre** warnen – **sordēs,** *ium* Pl. Geiz – **sēparātus** einzeln

S1* Was kann *frugalitas* bedeuten? Die Antwort liefert Ihnen ein Blick in Ihr Wörterbuch.

S2* Legen Sie eine dreispaltige Tabelle mit allen im Text erscheinenden *nd*-Formen an. Tragen Sie in die erste Spalte die jeweilige *nd*-Form ein, bestimmen Sie in der zweiten Spalte, ob es sich um ein Gerundium, ein attributives oder prädikatives Gerundiv handelt, und notieren Sie in der dritten Spalte die Bezugswörter oder evtl. Erweiterungen der *nd*-Form, die Sie in die Übersetzung miteinbeziehen müssen.

T1 Erklären Sie, warum das Pronomen *idem* (Z. 13; 18) und das Pronominaladjektiv *aliud* (Z. 8–10) für das Textverständnis wichtig sind.

Tafelsilber auf einem Tisch im Säulengang der Villa San Marco in Stabiae. Das im Hintergrund stehende Speisesofa weist darauf hin, dass man anders als heute nicht im Sitzen, sondern im Liegen aß und trank (Rekonstruktion).

B Recumbebat mecum vir egregius, Fadius Rufinus, super eum municeps ipsius, qui illo die primum venerat in urbem. Cui Rufinus demonstrans me: „Vides hunc?" Multa deinde de studiis nostris; et ille ‚Plinius est' inquit. Verum fatebor, capio magnum laboris mei fructum. An (...) celebritate nominis mei gaudere non debeo? Ego vero et gaudeo et gaudere me dico. Neque enim vereor, ne iactantior videar, cum de me aliorum iudicium, non meum profero, praesertim apud te, qui nec ullius invides laudibus et faves nostris. (*ep.* 9,23,4-5)

Bei mir saß ein ganz ausgezeichneter Mann am Tisch, Fadius Rufinus; neben ihm ein Landsmann von ihm, der an diesem Tag zum ersten Mal nach Rom gekommen war. Ihn fragte Rufinus, indem er auf mich zeigte: „Siehst du den da?" Darauf erzählte er vieles von meinen Schriften, und jener sagte: „Es ist Plinius." Ich will ehrlich zugeben, ich ernte reiche Früchte meiner Mühen. Oder (...) sollte ich mich nicht über den Bekanntheitsgrad meines Namens freuen? Ich freue mich also und sage auch, dass ich mich freue. Denn ich fürchte nicht, als Prahler zu erscheinen, wenn ich das Urteil anderer Menschen über mich, nicht mein eigenes erwähne, besonders vor Dir, der Du niemanden um seinen Ruhm beneidest und den meinen sogar noch förderst. (Übersetzung: H. Philips)

T2 Informieren Sie sich auf S. 47-48 und begründen Sie, warum man A als einen philosophischen Text verstehen kann.

T3 Vergleichen Sie A und B miteinander und begründen Sie, in welchem der beiden Briefe Ihnen Plinius sympathischer erscheint.

D „Geiz ist geil!" Diskutieren Sie, ob sich aus der ehemaligen Produktwerbung einer großen Elektronik-Handelskette Rückschlüsse auf die Moralvorstellungen in unserem Land ziehen lassen.

7

Die tollste Frau (*caritas*)

Plinius ist als römischer Senator natürlich verheiratet. Seine dritte Ehefrau Calpurnia ist seiner Meinung nach wie geschaffen für ihn.

A C. PLINIUS CALPURNIA HISPULLAE SUAE S.

Cum sis pietatis exemplum fratremque optimum et amantissimum tui pari caritate dilexeris filiamque eius ut tuam diligas (…), non dubito maximo tibi gaudio fore, cum cognoveris dignam patre, dignam te, dignam avo evadere. Summum est acumen, summa frugalitas. Amat me, quod castitatis indicium est. Accedit his studium litterarum, quod ex mei caritate concepit. Meos libellos habet, lectitat, ediscit etiam. Quā illa sollicitudine, cum videor acturus! Quanto, cum egi, gaudio afficitur! Disponit, qui nuntient sibi, quem assensum, quos clamores excitarim, quem eventum iudicii tulerim. Eadem, si quando recito, in proximo – discreta velo – sedet laudesque nostras avidissimis auribus excipit. Versus quidem meos cantat etiam formatque cithara non artifice aliquo docente, sed amore, qui magister est optimus. His ex causis in spem certissimam adducor perpetuam nobis maioremque in dies futuram esse concordiam. Non enim aetatem meam aut corpus, quae paulatim occidunt ac senescunt, sed gloriam diligit. Nec aliud decet tuis manibus educatam, tuis praeceptis institutam, quae nihil in contubernio tuo viderit nisi sanctum honestumque, quae denique amare me ex tua praedicatione consueverit. (…) Certatim ergo tibi gratias agimus: Ego, quod illam mihi, illa, quod me sibi dederis, quasi invicem elegeris. VALE! (*ep.* 4,19)

Calpurnia Hispulla (↗ S. VI)
et amantissimum tuī ~ *quī tē maximē amāvit*

(*Calpurniam*) **dīgnam** – **ēvādere** h. sich als etw. entwickeln – **acūmen,** *inis* n Scharfsinn
lēctitāre oft lesen
ēdiscere auswendig lernen – **sollicitūdine** (*est*), **… āctūrus** (*esse*) – **agere** h. einen Prozess führen – **assēnsus,** *ūs* Beifall – **excitā**(*ve*)**rim** – **ēventus,** *ūs* Erfolg – **in proximō** in nächster Nähe – **vēlum** h. Vorhang – **fōrmāre citharā** auf der Leier begleiten – **artifex,** *icis* Künstler

addūcere h. m. AcI: *addūcor concordiam nōbīs perpetuam et maiorem futūram esse*
senēscere alt werden
decet (*puellam*)
contubernium tuum das Zusammenleben mit dir – **praedicātiō,** *ōnis* Empfehlung – **certātim** (Adv.) um die Wette
mihi (*dederis*)
invicem (Adv.) füreinander

T1 Informieren Sie sich über die Stilmittel Anapher und Trikolon (↗ S. III). Suchen Sie diese beiden Stilmittel in **A** und begründen Sie, warum ihr Gebrauch der Beschreibung von Plinius' Frau dient.

T2 Erstellen Sie aus dem Vokabular von **A** ein Sachfeld „Liebe". Grenzen Sie danach mithilfe eines Wörterbuches die Bedeutung der von Plinius hier für „Liebe" gebrauchten Wörter gegeneinander ab.

T3 Nur für Damen: Begründen Sie, warum man sich in einen Mann wie Plinius (nicht) verlieben kann.

T4 Nur für Herren: Begründen Sie, warum man sich eine Ehefrau wie Calpurnia (nicht) wünschen kann.

T5 Betrachten Sie die Abbildung (↗ S. 19) und beurteilen Sie, ob Plinius ein ähnliches Bild von sich und seiner Frau gefallen hätte.

T6 Lesen Sie **B**. Erläutern Sie dann kurz, worin die private Tragik des Plinius lag und welchen Eindruck er unbedingt zu vermeiden suchte.

B Glück im Unglück

C. Plinius grüßt seine Hispulla (↗ S. VI)

Wenn ich an Deine Zuneigung zu Deiner Nichte [gemeint ist die Ehefrau des Plinius] denke, die noch zärtlicher als die Liebe einer Mutter ist, dann sehe ich ein, dass ich Dir das Spätere zuerst mitteilen muss, damit die vorweggenommene Freude für Kummer keinen Platz lässt. Freilich fürchte ich, dass Du nach der freudigen Nachricht wieder in Furcht gerätst und Dich zwar freust, dass sie aus der Gefahr errettet ist, zugleich aber bei dem Gedanken erzitterst, dass sie sich in Gefahr befunden hat. Schon ist sie wieder heiter, ist schon sich selbst, schon mir wiedergegeben und beginnt sich zu erholen und die überstandene Gefahr an ihrer Wiedergenesung zu messen. Sie war allerdings in höchster Gefahr – ich darf es wohl frei aussprechen; sie war es ohne ihre Schuld, eher wegen ihres jugendlichen Alters. Daher die Fehlgeburt und die betrübliche Erfahrung einer ihr unbewussten Schwangerschaft. Wenn es Dir also auch nicht vergönnt war, die Sehnsucht nach dem verlorenen Bruder durch die Geburt eines Enkels von ihm oder einer Enkelin zu lindern, so denke gleichwohl daran, dass es mehr aufgeschoben als aufgehoben ist; denn sie, von der man es erhoffen kann, ist ja gesund. Entschuldige zugleich bei Deinem Vater diesen Unglücksfall, der bei Frauen leichter Verständnis findet. Lebe wohl! (*ep.* 8,11; Übersetzung: H. Philips)

Aurelius Hermia und seine Frau Aurelia Philematium, ca. 80 v. Chr. (British Museum, London)

D Arbeiten Sie aus A heraus, warum Plinius seine Frau liebt. Diskutieren Sie dann, ob das Frauenbild, das Plinius zeichnet, als vorbildlich bezeichnet werden kann.

8

Die wichtigste Eigenschaft (*humanitas*)

Plinius hat keine Kinder. Trotzdem weiß er, wie man Kinder richtig erzieht.

A C. Plinius Iuniori suo s.

Castigabat quidam filium suum, quod paulo sumptuosius equos et canes emeret. Huic ego iuvene digresso: „Heus tu, numquamne fecisti, quod a patre corripi posset? ‚Fecisti' dico? Non interdum facis, quod filius tuus, si repente pater ille, tu filius, pari gravitate reprehendat? Non omnes homines aliquo errore ducuntur? Non hic in illo sibi, in hoc alius indulget?" Haec tibi – admonitus immodicae severitatis exemplo – pro amore mutuo scripsi, ne quando tu quoque filium tuum acerbius duriusque tractares. Cogita et illum puerum esse et te fuisse; atque ita hoc, quod es pater, utere, ut memineris et hominem esse te et hominis patrem! Vale! (*ep.* 9,12)

Terentius Iūnior (↗ S. VI)
castīgāre züchtigen – **sūmptuōsus** verschwenderisch – **heus** He!
corripere h. kritisieren

pater ille (*esset*), **tū fīlius** (*esses*)
sibi indulgēre mit sich nachsichtig sein
immodicus maßlos
mūtuus gegenseitig

hoc, quod die Tatsache, dass

Plinius pflegt eine Grundhaltung der Humanität, die er nicht nur in der Kindererziehung, sondern auch im Verhalten gegenüber den Mitbürgern fordert.

B C. Plinius Gemino suo s.

Nostine hos, qui omnium libidinum servi sic aliorum vitiis irascuntur, quasi invideant, et gravissime puniunt, quos maxime imitantur? Cum eos etiam, qui non indigent clementia ullius, nihil magis quam lenitas deceat. Atque ego optimum et emendatissimum existimo, qui ceteris ita ignoscit, tamquam ipse cottidie peccet, ita peccatis abstinet, tamquam nemini ignoscat. Proinde hoc domi, hoc foris, hoc in omni vitae genere teneamus, ut nobis implacabiles simus, exorabiles istis etiam, qui dare veniam nisi sibi nesciunt, mandemusque memoriae, quod vir mitissimus et ob hoc quoque maximus Thrasea crebro dicere solebat: „Qui vitia odit, homines odit." (…) Vale! (*ep.* 8,22)

Rosianus Geminus (↗ S. VI)
nō(*vi*)**stī**
pūniunt (*eōs*), **quōs**
cum (m. Konj.) h. und doch – **indigēre** (m. Abl.) etw. brauchen – **lēnitās**, *ātis* Milde – **ēmendātus** korrekt – **exīstimō** (*eum*), **quī** – **peccātum** Fehler
hoc … tenēre h. an diesem Grundsatz festhalten – **implācābilis**, *e* (m. Dat.) unerbittlich gegen – **exōrābilis**, *e* (m. Dat.) nachgiebig gegen – **mītis**, *e* h. gnädig
Thrasea (↗ S. VI)

S1* Was kann *humanitas* bedeuten? Die Antwort liefert Ihnen ein Blick in Ihr Wörterbuch.

S2* Suchen Sie in A und B alle Verbformen im Konjunktiv und bestimmen Sie diese. Erklären Sie jeweils die Verwendung des Konjunktivs.

T1 Interpretieren Sie Z. 8-13 von B. Zeigen Sie dabei auf, dass die von Plinius verwendeten Stilmittel auf den Inhalt abgestimmt sind.

T2 Bilden Sie Gruppen und teilen Sie die Texte A, B und C untereinander auf. Stellen Sie dann den anderen Gruppen in Kurzvorträgen vor, welche Facette von *humanitas* in den einzelnen Briefen thematisiert wird.

T3 Ordnen Sie in Partnerarbeit die Abbildung einem der drei Briefe zu. Suchen Sie dann mithilfe des Internets auch für die beiden anderen Briefe eine geeignete Abbildung.

D Diskutieren Sie, ob die in A, B und C enthaltenen Gedanken darauf hinweisen könnten, dass Plinius ein Christ war.

Domenico Fetti: Das Gleichnis vom Splitter und Balken, 1619 (Metropolitan Museum of Art, New York)

Angemessenes Verhalten

Nicht nur im Verhalten gegenüber den Mitbürgern, sondern auch im Verhalten gegenüber Sklaven fordert Plinius Humanität. Im Zusammenhang mit dem Tod junger Sklaven aus seinem Haus schreibt Plinius an Paternus, einen Freund aus Como.

C Nec ignoro alios eius modi casus nihil amplius vocare quam damnum eoque sibi magnos homines et sapientes videri. Qui an magni sapientesque sint, nescio. Homines non sunt. Hominis est enim affici dolore, sentire, resistere tamen et solacia admittere, non solaciis non egere. Verum de his plura fortasse quam debui, sed pauciora quam volui. Est enim quaedam etiam dolendi voluptas, praesertim si in amici sinu defleas, apud quem lacrimis tuis vel laus sit parata vel venia. VALE! (*ep.* 8,16,3-5)

Ich weiß genau, dass andere Menschen derartige Unglücksfälle lediglich als materiellen Verlust bezeichnen und sich daher für große und weise Menschen halten. Vielleicht sind sie groß und weise, Menschen sind sie jedenfalls nicht. Denn es gehört zum Menschen, Schmerz zu empfinden, Gefühle zu haben, dennoch sich zu fassen, Trost anzunehmen, nicht aber, keiner Tröstungen zu bedürfen. Aber vielleicht habe ich hierüber mehr gesagt, als ich sollte, doch weniger, als ich wollte. Es gibt nämlich sozusagen auch eine Lust am Schmerz, zumal, wenn man sich an der Brust eines Freundes ausweinen kann, bei dem Du für Deine Tränen Lob oder Nachsicht finden kannst. Lebe wohl! (Übersetzung: H. Philips)

8 Die wichtigste Eigenschaft (*humanitas*)

Plinius hält Menschlichkeit auch im Umgang mit Verstorbenen für wichtig. Denn wer einem Menschen das Begräbnis verweigert, verurteilt diesen dazu, als Gespenst keine Ruhe zu finden.

D C. PLINIUS SURAE SUO S.

(...) Erat Athenis spatiosa et capax domus, sed infamis et pestilens. Per silentium noctis sonus ferri et, si attenderes acrius, strepitus vinculorum longius primo, deinde e proximo reddebatur. Mox apparebat idolon, senex macie et squalore confectus, promissa barba, horrenti capillo. Cruribus compedes, manibus catenas gerebat quatiebatque. Inde inhabitantibus tristes diraeque noctes per metum vigilabantur. Vigiliam morbus et crescente formidine mors sequebatur. Nam interdiu quoque, quamquam abscesserat imago, memoria imaginis oculis inerrabat longiorque causis timoris timor erat. Deserta inde et damnata solitudine domus totaque illi monstro relicta. Proscribebatur tamen, seu quis emere seu quis conducere ignarus tanti mali vellet.

Venit Athenas philosophus Athenodorus, legit titulum auditoque pretio, quia suspecta vilitas, percunctatus omnia docetur ac nihilo minus, immo tanto magis conducit. Ubi coepit advesperascere, iubet sterni sibi in prima domus parte, poscit pugillares, stilum, lumen, suos omnes in interiora dimittit. Ipse ad scribendum animum, oculos, manum intendit, ne vacua mens audita simulacra et inanes sibi metus fingeret.

Initio, quale ubique, silentium noctis.

Dein concuti ferrum, vincula moveri. Ille non tollere oculos, non remittere stilum, sed offirmare animum auribusque praetendere.

Tum crebrescere fragor, adventare et iam ut in limine, iam ut intra limen audiri. Respicit, videt agnoscitque narratam sibi effigiem.

Licinius Sūra (↗ S. VI)

spatiōsus geräumig – **capāx**, *ācis* groß – **īnfāmis**, *e* verrufen – **pestilēns**, *entis* verderblich – **longius** aus weiterer Entfernung – **reddī** h. widerhallen – **īdōlon** n Gespenst – **maciēs**, *ēī* Magerkeit – **squālor**, *ōris* h. Trauer – **prōmissus** lang – **hōrrens**, *entis* struppig – **compēs**, *edis* Fußfessel – **inhabitantēs**, *ium* Pl. Bewohner – **dīrus** grauenvoll – **formīdō**, *inis* das Grausen – **interdiū** (Adv.) tagsüber – **oculīs inerrāre** vor Augen schweben – **damnāta** (*est*) **sōlitūdine** zur Einsamkeit verdammt – **relicta** (*est*) – **prōscrībere** zum Verkauf anbieten

Athēnodōrus (↗ S. VI) – **titulus** Verkaufsschild – **suspecta** (*erat*) – **vīlitās**, *ātis* der niedrige Preis – **percūnctārī** sich erkundigen – **advesperāscere** Abend werden – **sternere** h. ein Lager bereiten – **pugillārēs** Pl. Schreibtäfelchen – **interiōra** n Pl. das Innere des Hauses – **intendere ad** richten auf etw.

concutī ~ *concussum est* – **concutere** heftig schütteln – **movērī** ~ *mōta sunt* – **tollere** ~ *sustulit* – **remittere** (~ *remīsit*) h. beiseite legen – **offirmāre** (~ *offirmāvit*) **animum auribusque praetendere** (~ *praetendit*) die Konzentration verstärken und die Ohren schließen – **crēbrēscere** (~ *crēbruit*) zunehmen – **fragor**, *ōris* Lärm – **adventāre** (~ *adventāvit*) immer näher kommen – **audīrī** ~ *audītus est* – **agnōscit** ~ *nōscit* – **effigiēs**, *ēī* h. Gespenst

Stabat innuebatque digito similis vocanti. Hic contra, ut paulum exspectaret, manu significat rursusque ceris et stilo incumbit. Illa scribentis capiti catenis insonabat. Respicit rursus idem, quod prius, innuentem, nec moratus tollit lumen et sequitur. Ibat illa lento gradu quasi gravis vinculis. Postquam deflexit in aream domus, repente dilapsa deserit comitem. Desertus herbas et folia concerpta signum loco ponit. Postero die adit magistratus, monet, ut illum locum effodi iubeant. Inveniuntur ossa inserta catenis et implicita, quae corpus aevo terraque putrefactum nuda et exesa reliquerat vinculis. Collecta publice sepeliuntur. Domus postea rite conditis manibus caruit. (...) VALE! (*ep.* 7,27,5-11)

innuere zuwinken – **contrā** (Adv.) hingegen – **cērae** Pl. Wachstäfelchen **incumbere** (m. Dat.) sich widmen – **īnsonāre** entgegenrasseln – **idem, quod** ebenso wie – **nec morātus** ~ *et sine morā* – **lentus** langsam – **dēflectere** (Perf. *dēflexī*) abbiegen – **concerptus** abgerupft

effodere aufgraben – **īnsertus** (m. Dat.) gelegt in – **implicitus** in Verwirrung geraten – **putrefactus** verwest – **exēsus** zernagt – (*in*) **vinculīs** – **pūblice** auf Staatskosten – **rīte** (Adv.) vorschriftsgemäß – **condere** h. bestatten

S* Legen Sie eine dreispaltige Tabelle mit allen im Text vorkommenden Partizipien an. Tragen Sie in die erste Spalte die jeweilige Form des Partizips ein, bestimmen Sie in der zweiten Spalte, ob es sich um einen Bestandteil des Prädikats im Perfekt Passiv, ein Participium coniunctum oder um den Bestandteil eines Abl. abs. handelt, und tragen Sie in die dritte Spalte die Bezugswörter oder evtl. Erweiterungen ein, die Sie in die Übersetzung miteinbeziehen müssen.

T1 Im Lateinischen dient der historische Infinitiv (Z. 25-29) dazu, spannend und anschaulich zu erzählen. Belegen Sie am Text, welche anderen sprachlichen und stilistischen Mittel Plinius zum selben Zweck einsetzt.

T2 Unterteilen Sie den Text in sinnvolle Abschnitte. Bilden Sie dann Gruppen und entwerfen Sie zu den einzelnen Abschnitten jeweils ein kleines Drehbuch. Stellen Sie abschließend die Ihrer Ansicht nach entscheidende Szene jedes Abschnittes in einem Standbild der Klasse vor.

D Der Glaube an Gespenster und Geister war in der Antike weit verbreitet. Untersuchen Sie ausgehend von der Abbildung zunächst in Kleingruppen, ob der heute zu verzeichnende Esoterikboom mit dem antiken Aberglauben vergleichbar ist. Diskutieren Sie Ihre Ergebnisse danach in der Klasse.

9 Die beste Geldanlage (*munificentia*)

Plinius macht zwar in Rom Karriere, bleibt aber stets seiner Heimatstadt Como verbunden. Dies äußert sich auch in der großzügigen finanziellen Unterstützung verschiedener Projekte dort.

C. Plinius Tacito suo s.

(...) Proxime cum in patria mea fui, venit ad me salutandum municipis mei filius praetextatus. Huic ego „Studes?" inquam. Respondit: „Etiam." „Ubi?" „Mediolani." „Cur non hic?" Et pater eius – erat enim una atque etiam ipse adduxerat puerum –: „Quia nullos hic praeceptores habemus." „Quare nullos? Nam vehementer intererat vestra, qui patres estis," – et opportune complures patres audiebant – „liberos vestros hic potissimum discere. Ubi enim aut iucundius morarentur quam in patria aut pudicius continerentur quam sub oculis parentum aut minore sumptu quam domi? Quantulum est ergo collata pecunia conducere praeceptores, quodque nunc in habitationes, in viatica, in ea, quae peregre emuntur – omnia autem peregre emuntur – impenditis, adicere mercedibus? Atque adeo ego, qui nondum liberos habeo, paratus sum pro re publica nostra, quasi pro filia vel parente, tertiam partem eius, quod conferre vobis placebit, dare. Totum etiam pollicerer, nisi timerem, ne hoc munus meum quandoque ambitu corrumperetur, ut accidere multis in locis video, in quibus praeceptores publice conducuntur. Huic vitio occurri uno remedio potest, si parentibus solis ius conducendi relinquatur isdemque religio recte iudicandi necessitate collationis addatur. Nam qui fortasse de alieno neglegentes, certe de suo diligentes erunt dabuntque operam, ne a me pecuniam non nisi dignus accipiat, si accepturus et ab ipsis erit. Proinde consentite, conspirate maioremque animum ex meo sumite, qui cupio esse quam plurimum, quod debeam conferre! Nihil honestius praestare liberis vestris, nihil gratius patriae potestis. Educentur hic, qui hic nascuntur, statimque ab infantia natale solum amare, frequentare consuescant! Atque utinam tam claros praeceptores inducatis, ut in finitimis oppidis studia hinc petantur utque nunc liberi vestri aliena in loca, ita mox alieni in hunc locum confluant!" (...)

Vale! (*ep.* 4,13,3-9)

Cornelius Tacitus (↗ S. VI)
proximē ~ *nūper*
mūniceps, *ipis* m Mitbürger – **praetextatus** in der *Toga praetexta* (↗ S. V) – **etiam** ~ *ita est* – **Mediōlanī** in Mailand – **ūnā esse** dabei sein

(*id*) **audiēbant**

pudīcus sittsam
continērī h. sich aufhalten
quantulum est (m. Inf.) es wäre eine Kleinigkeit – **quodque** ~ *et id, quod* – **habitātiō**, *ōnis*: zu *habitāre* – **viāticum** Reisegeld – **peregrē** (Adv.) in der Fremde

quandōque (Adv.) über kurz oder lang
ambitū corrumpere zur Bestechung missbrauchen – **pūblicē** (Adv.) aus öffentlichen Mitteln
religiō, *ōnis* h. Verpflichtung
collātiō, *ōnis* Beitragszahlung – (*iī*,) **quī ... neglegentēs** (*erunt*) – **aliēnum** h. fremdes Geld
cōnspīrāre zusammenwirken
ex meō (*animō*)

grātius (*praestāre*)
nātāle solum Geburtsort
frequentāre h. (oft) anwesend sein

cōnfluere zusammenströmen

S1* Was kann *munificentia* bedeuten? Die Antwort liefert Ihnen ein Blick in Ihr Wörterbuch.

S2* Schreiben Sie alle Komparative aus dem Text und geben Sie jeweils an, ob sie als Adjektiv oder Adverb verwendet sind.

T1 Gliedern Sie die Ansprache des Plinius an die Väter seiner Heimatstadt Como in sinnvolle Abschnitte.

T2 Untersuchen Sie die Argumentation des Plinius in Z. 15-30. Erläutern Sie die psychologische Raffinesse dieser Argumentation, indem Sie aufzeigen, mit welchen Stilmitteln (↗ S. III) er diese sprachlich und inhaltlich untermauert.

D Recherchieren Sie in Kleingruppen zu den von Bill Gates, Bill Clinton und Angela Jolie initiierten Stiftungen. Diskutieren Sie in diesem Zusammenhang, ob es moralisch fragwürdig ist, als Förderer von caritativen und sozialen Projekten auch an Nachruhm interessiert zu sein.

Vieles läuft gut

von Petra Bornhöft – In: DER SPIEGEL 26/2009

SPIEGEL: Niemand hat Sie gedrängt, als Philanthrop zu wirken. Warum behalten Sie Ihren Reichtum nicht für sich?

Gates: Natürlich hätte ich das Geld, das ich durch meinen Erfolg mit Microsoft verdient habe, meinen Kindern schenken und es für Yachten oder andere Dinge ausgeben können. Aber ich habe mich entschieden, das Geld für die Ärmsten zu verwenden. Das ist die Freiheit unseres ökonomischen Systems. Und ich hoffe, dass mehr Menschen meinem Beispiel folgen. Mit anderen reichen Spendern teile ich ein wunderbares Gefühl: Ich genieße es zu helfen. Diese Aufgabe ist sehr erfüllend.

10 Die größte Tat (*immortalitas*)

Plinius strebt nach Ruhm. Darin eifert er seinem ebenfalls als Amtsträger und Schriftsteller tätigen Onkel und Adoptivvater Plinius dem Älteren nach. Dieser fand beim Vesuvausbruch im Jahr 79 n. Chr., als er mutig seine Freunde aus der Gefahr retten wollte, selbst den Tod. Sein Rettungsversuch scheint aus heutiger Sicht absurd; aber Plinius hatte nicht das gleiche Wissen über die Gefährlichkeit des Vesuvs wie wir ...

C. PLINIUS TACITO SUO S.

(...) Properat illuc, unde alii fugiunt, rectumque cursum, recta gubernacula in periculum tenet adeo solutus metu, ut omnes illius mali motus, omnes figuras, ut deprenderat oculis, dictaret enotaretque. Iam navibus cinis incidebat, quo propius accederent, calidior et densior. Iam pumices etiam nigrique et ambusti et fracti igne lapides. Iam vadum subitum ruināque montis litora obstantia. Cunctatus paulum, an retro flecteret, mox gubernatori, ut ita faceret, monenti „Fortes", inquit, „fortuna iuvat. Pomponianum pete!"

Cornelius Tacitus (↗ S. VI)
rēctum cursum, rēcta gubernācula tenēre in (m. Akk.) geradewegs zusteuern auf etw. – **solūtus** ~ *līber ā* – **dēprehendere** (Perf. *dēprēhendī*) h. erfassen – **ēnotāre** aufzeichnen – (*ēo*) **calidior**
pūmex, *icis* Bimsstein – **ambustus** ringsum verbrannt – **vadum** Untiefe – **subitum** (*aderat*) – **obstantia** (*erant*) waren unerreichbar – **retrō flectere** h. umkehren – **gubernātor,** *ōris* Steuermann – **Pompōniānus** (↗ S. VI)

Kurz darauf kommt Plinius in Stabiae (↗ Karte S. 27) an, wo Pomponianus zur Flucht bereit auf günstigen Wind wartet.

(...) Avunculus meus (...) complectitur trepidantem, consolatur, hortatur. Utque timorem eius sua securitate leniret, deferri in balineum iubet. Lotus accubat, cenat, aut hilaris aut – quod aeque magnum – similis hilari. Interim e Vesuvio monte pluribus locis latissimae flammae altaque incendia relucebant, quorum fulgor et claritas tenebris noctis excitabatur. Ille agrestium trepidatione ignes relictos desertasque villas per solitudinem ardere in remedium formidinis dictitabat. Tum se quieti dedit et quievit verissimo quidem somno. Nam meatus animae, qui illi propter amplitudinem corporis gravior et sonantior erat, ab iis, qui limini obversabantur, audiebatur.

cōnsōlārī trösten
lēnīre lindern
(*sē*) **dēferrī** – **lōtus** nach dem Bad – **accubāre** bei Tische liegen – **hilaris,** *e* heiter – **magnum** (*est*)
relūcēre aufleuchten – **fulgor,** *ōris* Glanz – **clāritās**: zu *clārus* – **excitābātur** ~ *augēbātur* – **agrestis,** *is* Bauer – **relictōs** (*esse*) – **sōlitūdō,** *inis* Einsamkeit – **formīdō,** *inis* Entsetzen – **dictitāre** nachdrücklich erklären – **meātus animae** das Atemholen – **sonāns,** *ntis* laut – **obversārī** sich aufhalten

Als die Lage sich zuspitzt, weckt man Plinius und hält Rat über das weitere Vorgehen.

Et apud illum quidem ratio rationem, apud alios timorem timor vicit. Cervicalia capitibus imposita linteis constringunt. Id munimentum adversus incidentia fuit. Iam dies alibi, illic nox omnibus noctibus nigrior densiorque. Quam tamen faces multae variaque lumina solvebant. Placuit egredi in litus et ex proximo aspicere, ecquid iam mare admitteret. Quod adhuc vastum et adversum per-

cervīcal, *ālis* Kopfkissen – **linteum** h. Bettlaken – **cōnstringere** festschnüren – **mūnīmentum** Schutz
fax, *facis* Fackel
ex proximō aus nächster Nähe – **ecquid** ob wohl – (*fugam*) **admitteret**

manebat. Ibi super abiectum linteum recubans semel atque iterum frigidam aquam poposcit hausitque. Deinde flammae flammarumque praenuntius, odor sulpuris, alios in fugam vertunt, excitant illum. Innitens servolis duobus assurrexit et statim concidit. (...) Ubi dies redditus – is ab eo, quem novissime viderat, tertius –, corpus inventum integrum, inlaesum opertumque, ut fuerat indutus. Habitus corporis quiescenti quam defuncto similior. (...)
VALE! (*ep.* 6,16,10-20)

super abiectum linteum recubāns auf einem hingeworfenen Bettlaken ausruhend – **hausit** ~ *bibit* – **praenūntius** Vorbote – **odor sulpuris** Schwefelgeruch – **innītī** (m. Abl.) sich stützen auf – **servolus** junger Sklave – **assurrēxit** ~ *surrēxit* – **concidere** zusammenbrechen – **redditus** (*est*) – **novissimē** (Adv.) zuletzt – **tertius** (*fuit*) – **inlaesus** unverletzt – **opertum, ut fuerat indūtus** so bekleidet, wie er sich angezogen hatte – **habitus**, *ūs* Aussehen – **dēfūnctō** ~ *mortuō*

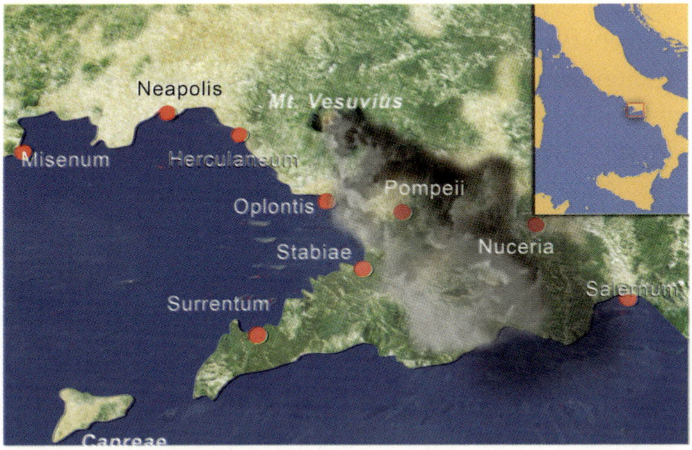

T1 Zeigen Sie auf, mit welchen sprachlichen und stilistischen Mitteln Plinius seiner Erzählung Spannung verleiht.

T2 Erstellen Sie ein tabellarisches Protokoll (Ort; äußere Umstände; Verhalten der Personen) der von Plinius geschilderten Ereignisse.

T3 Lesen Sie den sic-Text und belegen Sie danach am Text, dass Plinius seinen Onkel als stoischen Weisen darstellt, indem Sie sein Handeln mit demjenigen der anderen Personen vergleichen.

D Recherchieren Sie ausgehend von der Karte in Partnerarbeit zum Vesuv. Diskutieren Sie dann, ob Plinius' Rettungsversuch aus antiker/heutiger Sicht als vernünftig bezeichnet werden kann.

SIC

Der stoische Weise

„Wenn Du einen Menschen erblickst, unerschrocken in Gefahren, unberührt von Leidenschaften, im Unglück glücklich, mitten in den Stürmen gelassen, von einer höheren Ebene die Menschen betrachtend, auf gleicher die Götter, wird Dich nicht Ehrfurcht vor ihm überkommen? Wirst Du nicht sagen: „Dieses Wesen ist größer und erhabener, als dass man annehmen könnte, es gleiche diesem schwächlichen Körper, in dem es sich befindet?" Eine göttliche Kraft hat sich da hineingesenkt: Einen Geist, hervorragend und maßvoll, der sich über alles, als wäre es weniger wichtig, hinwegsetzt, alles, was wir fürchten und wünschen, belächelt, bewegt eine himmlische Macht." (Seneca, *ep. mor.* 41, 4-5; Übersetzung: F. Loretto)

11 Die größte Erkenntnis (*mortalitas*)

Plinius will – da jeder Mensch sterben muss, aber den Zeitpunkt seines Todes nicht kennt (*condicio humana*) – seine Lebenszeit sinnvoll nutzen, um zumindest als Schriftsteller Werke zu schaffen, die seinen Tod überdauern.

A C. PLINIUS NOVIO MAXIMO SUO S.

Nuntiatum mihi C. Fannium decessisse. Qui nuntius me gravi dolore confudit: Primum, quod amavi hominem elegantem, disertum. Deinde, quod iudicio eius uti solebam. Erat enim acutus naturā, usu exercitatus, veritate promptissimus. Angit me super ista casus ipsius. Decessit veteri testamento: Omisit, quos maxime diligebat; prosecutus est, quibus offensior erat. Sed hoc – utcumque – tolerabile. Gravius illud, quod pulcherrimum opus imperfectum reliquit. Quamvis enim agendis causis distringeretur, scribebat tamen exitus occisorum aut relegatorum a Nerone et iam tres libros absolverat subtiles et diligentes et Latinos atque inter sermonem historiamque medios. Ac tanto magis reliquos perficere cupiebat, quanto frequentius hi lectitabantur.

Mihi autem videtur acerba semper et immatura mors eorum, qui immortale aliquid parant. Nam, qui voluptatibus dediti quasi in diem vivunt, vivendi causas cottidie finiunt. Qui vero posteros cogitant et memoriam sui operibus extendunt, his nulla mors non repentina est, ut quae semper incohatum aliquid abrumpat. (...)

Quod me recordantem miseratio subit, quantum vigiliarum, quantum laboris exhauserit frustra. Occursant animo mea mortalitas, mea scripta. Nec dubito te quoque eadem cogitatione terreri pro istis, quae inter manus habes. Proinde, dum suppetit vita, enitamur, ut mors quam paucissima, quae abolere possit, inveniat!

VALE! (*ep.* 5,5)

Novius Maximus (↗ S. VI)
Nūntiātum (*est*) – **C. Fannius** (↗ S. VI)
cōnfūdit ~ *affēcit*
disertus redegewandt
acūtus nātūrā scharfsinnig von Natur aus – **ūsū exercitātus** in der Praxis geübt – **angere** ängstigen – **super ista** darüberhinaus – **omittere** h. übergehen – **prōsequī** h. beschenken – **offēnsus** verhasst – **utcumque** wie auch immer – **tolerābile** (*est*) – **Gravius** (*est*) **illud, quod** (*Fannius*) – **distringere** stark beschäftigt sein – **relēgātus** Verbannter – **Nerō,** *ōnis* (↗ S. VI) – **subtīlis,** *e* geistreich – **inter sermōnem historiamque medius** nicht zu gelehrt und nicht zu umgangssprachlich – **lēctitāre** aufmerksam lesen – **immātūrus** zu früh

extendere h. verlängern – **repentīnus** plötzlich – **ut quae** ~ *cum* – **abrumpere** abbrechen – **miserātiō,** *ōnis* Mitgefühl (*Fannius*) **exhauserit** – **exhaurīre** (Perf. *exhausī*) h. aufwenden – **occursāre animō** einfallen

suppetere reichlich vorhanden sein – **ēnītī** sich anstrengen – **abolēre** vernichten

S* Listen Sie alle Subjunktionen aus A auf. Bestimmen Sie dann die Sinnrichtung des von diesen jeweils eingeleiteten Adverbialsatzes.

T1 Erstellen Sie aus den Texten A, B und C ein Sachfeld *condicio humana.*

T2 Lesen Sie B und begründen Sie aufgrund Ihrer Kenntnis Martials, ob Ihnen die Charakterisierung durch Plinius gerechtfertigt erscheint.

T3 Vergleichen Sie den Anfang von A (Z. 1-6) mit B und interpretieren Sie Ihr Ergebnis.

B Nachruf auf Martial

Audio Valerium Martialem decessisse et moleste fero. Erat homo ingeniosus, acutus, acer, et qui plurimum in scribendo et salis haberet et fellis nec candoris minus. (*ep.* 3,21,1)

Wie ich höre, ist Martial gestorben, und das betrübt mich. Er war ein geistreicher, scharfsinniger und leidenschaftlicher Mann, der sehr viel Witz und Bitterkeit beim Schreiben zeigte, aber nicht weniger Aufrichtigkeit. (Übersetzung: H. Philips)

C Das Leben ist kurz!

Quid enim tam circumcisum, tam breve quam hominis vita longissima? (...) Sed tanto magis hoc, quidquid est temporis futtilis et caduci, si non datur factis – nam horum materia in aliena manu –, certe studiis proferamus et, quatenus nobis denegatur diu vivere, relinquamus aliquid, quo nos vixisse testemur! (*ep.* 3,7,11;14)

Was ist so beschränkt, so kurz wie das Leben des Menschen, mag es auch noch so lang sein? (...) Umso mehr wollen wir diese kurze Spanne der flüchtigen Zeit, die uns beschieden ist, wenn sie nicht Großtaten gewidmet wird – die Gelegenheit dazu liegt ja nicht in unserer Hand –, jedenfalls mit geistiger Arbeit verlängern, und weil uns nun einmal ein langes Leben versagt ist, etwas hinterlassen, das davon zeugt, dass wir gelebt haben. (Übersetzung: H. Kasten)

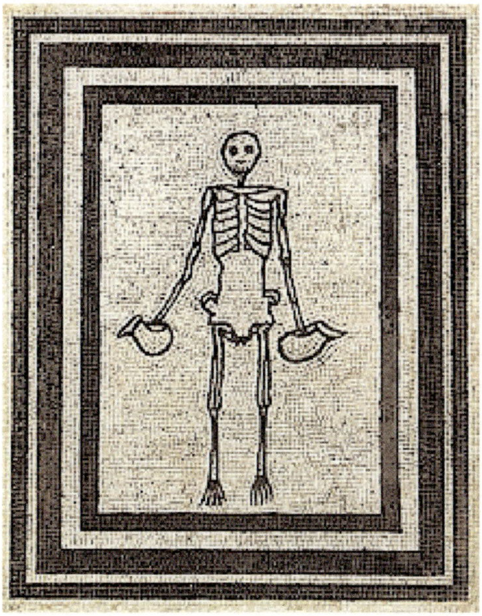

Abb. oben: Pieter Claesz: Vanitas, 1630 (Kunsthistorisches Museum, Wien)

Abb. links: Tod mit zwei Kannen (Fußbodenmosaik eines Speisezimmers aus Pompeji)

T4 Vergleichen Sie das Ende von A (Z. 24-27) mit C und überprüfen Sie, ob der dortige Appell des Plinius der einzig denkbare ist.

T5 Betrachten Sie die Abbildungen und interpretieren Sie diese mithilfe von C.

D Diskutieren Sie, inwieweit es erstrebenswert ist, „den Vergnügungen ergeben in den Tag hineinzuleben" (A, Z. 17-19).

12

Der beste Zustand (*beatitudo*)

Plinius arbeitet viel und gern. Aber schon jetzt freut er sich auf seinen Ruhestand, den sein älterer Freund Spurinna bereits genießt.

C. Plinius Calvisio Rufo suo s.

(...) Mane lectulo continetur, hora secunda calceos poscit, ambulat milia passuum tria nec minus animum quam corpus exercet. Si adsunt amici, honestissimi sermones explicantur. Si non, liber legitur, interdum etiam praesentibus amicis, si tamen illi non gravantur. Deinde considit, et liber rursus aut sermo libro potior.

Mox vehiculum ascendit, assumit uxorem singularis exempli vel aliquem amicorum, ut me proxime. Quam pulchrum illud, quam dulce secretum! Quantum ibi antiquitatis! Quae facta, quos viros audias! Quibus praeceptis imbuare! Quamvis ille hoc temperamentum modestiae suae indixerit, ne praecipere videatur. Peractis septem milibus passuum iterum ambulat mille, iterum residit vel se cubiculo ac stilo reddit. Scribit enim et quidem utraque lingua lyrica doctissima. Mira illis dulcedo, mira suavitas, mira hilaritas, cuius gratiam cumulat sanctitas scribentis. Ubi hora balinei nuntiata est – est autem hieme nona, aestate octava –, in sole, si caret vento, ambulat nudus. Deinde movetur pila vehementer et diu. Nam hoc quoque exercitationis genere pugnat cum senectute. Lotus accubat et paulisper cibum differt. Interim audit legentem remissius aliquid et dulcius. Per hoc omne tempus liberum est amicis vel eadem facere vel alia, si malint. Apponitur cena non minus nitida quam frugi, in argento puro et antiquo; sunt in usu et Corinthia, quibus delectatur nec afficitur. Frequenter comoedis cena distinguitur, ut voluptates quoque studiis condiantur. Sumit aliquid de nocte et aestate. Nemini hoc longum est. Tanta comitate convivium trahitur.

Inde illi post septimum et septuagensimum annum aurium, oculorum vigor integer, inde agile et vividum corpus solaque ex senectute prudentia. Hanc ego vitam voto et cogitatione praesumo, ingressurus avidissime, ut primum ratio aetatis receptui canere permiserit. Interim mille laboribus conteror, quorum mihi et solacium et exemplum est idem Spurinna. Nam ille quoque, quoad honestum fuit, obiit officia, gessit magistratus, provincias rexit multoque labore hoc otium meruit. Igitur eundem

Calvisius Rūfus (↗ S. VI)
(*Spurinna*) **māne** – **Spurinna** (↗ S. VI) – **lectulus** Bett – **continērī** h. verweilen – **calceus** Schuh

sī tamen jedoch nur wenn – **gravārī** sich weigern – **rūrsus** (*legitur*) ... **potior** (*explicātur*) – **assūmere** mitnehmen
proximē (Adv.) vor kurzem
sēcrētum Abgeschiedenheit

imbuāre ~ *imbuāris* – **imbuere** erfüllen – **temperāmentum** Zurückhaltung – **indīcere** h. auferlegen – **resīdit** ~ *cōnsīdit*

lyrica, *ōrum* n Pl. Gedichte – **dulcēdō**, *inis* Zauber – **suāvitās**, *ātis* Lieblichkeit – **hilaritās**, *ātis* Heiterkeit – **cumulāre** krönen – **nōna** (*hōra*) ... **octāva** (*hōra*)
pila Ball
lōtus nach dem Bad – **accubāre** bei Tische liegen – **paulisper** (Adv.) ein Weilchen – **remissius aliquid** etwas recht Heiteres – **appōnere** h. auftischen
nitidus schmackhaft – **frūgī** (indekl.) solide – **Corinthia**, *ōrum* n Pl. Bronzegeschirr aus Korinth – **afficī** h. in Unruhe versetzt werden – **comoedus** Komiker – **distinguere** h. auflockern – **condīre** würzen – **cōmitās**, *ātis* Geselligkeit

vigor, *ōris* Kraft – **vīvidus** lebenskräftig

praesūmere sich im Voraus vorstellen
receptuī canere zum Rückzug blasen
conterere aufreiben
quoad (Subj.) solange
obīre (Perf. *obiī*) h. erfüllen
merēre (Perf. *meruī*) verdienen

mihi cursum, eundem terminum statuo idque iam nunc apud te subsigno, ut, si me longius evehi videris, in ius voces ad hanc epistulam meam et quiescere iubeas, cum inertiae crimen effugero. Vale! (*ep.* 3,1,4-12)

cursus, *ūs* h. Laufbahn – **terminus** Ziel
subsīgnāre sich verbürgen – **longius ēvehī** darüber hinausgehen – **ad** h. aufgrund – **inertia** Untätigkeit

S1* Was kann *beatitudo* bedeuten? Die Antwort liefert Ihnen ein Blick in Ihr Wörterbuch.

S2* Stellen Sie alle Ablative und Genitive des Textes zusammen und bestimmen Sie jeweils ihre grammatische Funktion.

T1 In Z. 9-12 und Z. 16-17 setzt Plinius gehäuft Stilmittel ein. Weisen Sie die verschiedenen Stilmittel am Text nach und erklären Sie, warum Plinius an dieser Stelle gerade zu diesen Stilmitteln griff.

T2 Entwerfen Sie einen Tagesplan des Spurinna. Überlegen Sie dann, ob Sie nach diesem Plan glücklich leben könnten.

T3 Finden Sie drei Gründe, warum man mit dem Glück nicht bis zum Ruhestand warten sollte, und drei Gründe, warum man nicht alles Glück im Leben sofort haben kann.

T4 Betrachten die Abbildung und vergleichen Sie diese mit der Beschreibung des *convivium* in Z. 24-30. Versuchen Sie dann zu erklären, warum Erotik in den Briefen des Plinius keine Rolle spielt.

D Diskutieren Sie, ob man Glück planen kann.

Ausschweifendes Mahl (Fresko, Herculaneum)

13 Die klügste Entscheidung (*religio*)

Provinz Bithynia-Pontus, 111 n.Chr.

Plinius hat Rom verlassen und überprüft im Auftrag Kaiser Trajans als Statthalter (*legatus Augusti*) die Finanzen in der Provinz Bithynia-Pontus (↗ S. VII). Denn verschiedene Städte, die es dem Kaiser in Rom gleichtun wollten und in die Infrastruktur – Theater, Wasserleitungen, Bäder – investierten, sind extrem verschuldet. Aufgabe des Plinius ist es deshalb, die Infrastrukturmaßnahmen dieser Städte so zu betreuen, dass die Finanzen wieder in Ordnung gebracht werden. Neben der Überprüfung der Gemeindefinanzen besteht eine weitere wichtige Aufgabe von Plinius darin, die Ruhe und Ordnung in seiner Provinz zu sichern. Diese scheint auch durch die neue Religion des Christentums bedroht:

C. PLINIUS TRAIANO IMPERATORI

Sollemne est mihi, domine, omnia, de quibus dubito, ad te referre. Quis enim potest melius vel cunctationem meam regere vel ignorantiam instruere? Cognitionibus de Christianis interfui numquam; ideo nescio, quid et quatenus aut puniri soleat aut quaeri.

Nec mediocriter haesitavi, sitne aliquod discrimen aetatum, an quamlibet teneri nihil a robustioribus differant, detur paenitentiae venia, an ei, qui omnino Christianus fuit, desisse non prosit, nomen ipsum, si flagitiis careat, an flagitia cohaerentia nomini puniantur. Interim in iis, qui ad me tamquam Christiani deferebantur, hunc sum secutus modum.

Interrogavi ipsos, an essent Christiani. Confitentes iterum ac tertio interrogavi supplicium minatus; perseverantes duci iussi. Neque enim dubitabam, qualecumque esset, quod faterentur, pertinaciam certe et inflexibilem obstinationem debere puniri.

Fuerunt alii similis amentiae, quos, quia cives Romani erant, adnotavi in urbem remittendos. Mox ipso tractatu, ut fieri solet, diffundente se crimine plures species inciderunt.

Propositus est libellus sine auctore multorum nomina continens. Qui negabant esse Christianos aut fuisse, cum praeeunte me deos appellarent et imagini tuae, quam propter

C. Plinius an Kaiser Trajan

Ich habe es mir zur Regel gemacht, Herr, alles, worüber ich im Zweifel bin, Dir vorzutragen. Wer könnte denn besser mein Zaudern lenken oder meine Unwissenheit belehren? Gerichtsverhandlungen gegen Christen habe ich noch nie beigewohnt; deshalb weiß ich nicht, was und wie weit man zu strafen oder zu untersuchen pflegt. Ich war auch ziemlich unsicher, ob das Lebensalter einen Unterschied bedingt, oder ob ganz junge Menschen genauso behandelt werden wie Erwachsene, ob der Reuige Verzeihung erfährt oder ob es dem, der überhaupt einmal Christ gewesen ist, nichts hilft, wenn er es nicht mehr ist, ob schon der Name „Christ", auch wenn keine Verbrechen vorliegen, oder nur mit dem Namen verbundene Verbrechen bestraft werden. Vorerst habe ich bei denen, die bei mir als Christen angezeigt wurden, folgendes Verfahren angewandt.

Ich habe sie gefragt, ob sie Christen seien. Wer gestand, den habe ich unter Androhung der Todesstrafe ein zweites und drittes Mal gefragt; blieb er dabei, ließ ich ihn abführen. Denn mochten sie vorbringen, was sie wollten – Eigensinn und unbeugsame Halsstarrigkeit glaubte ich auf jeden Fall bestrafen zu müssen.

Andere, in dem gleichen Wahn Befangene, habe ich, weil sie römische Bürger waren, zur Überführung nach Rom vorgemerkt. Als dann im Laufe der Verhandlungen, wie es zu gehen pflegt, die Anschuldigung weitere Kreise zog, ergaben sich verschieden gelagerte Fälle.

Mir wurde eine anonyme Klageschrift mit zahlreichen Namen eingereicht. Diejenigen, die leugneten, Christen zu sein oder gewesen zu sein, glaubte ich freilassen zu müssen, da sie nach einer von mir vorgesprochenen For-

hoc iusseram cum simulacris numinum adferri, ture ac vino supplicarent, praterea maledicerent Christo, quorum nihil cogi posse dicuntur, qui sunt re vera Christiani, dimittendos esse putavi.

Alii ab indice nominati esse se Christianos dixerunt et mox negaverunt; fuisse quidem, sed desisse, quidam ante triennium, quidam ante plures annos, non nemo etiam ante viginti. Hi quoque omnes et imaginem tuam deorumque simulacra venerati sunt et Christo maledixerunt.

Adfirmabant autem hanc fuisse summam vel culpae suae vel erroris, quod essent soliti stato die ante lucem convenire carmenque Christo quasi deo dicere secum invicem seque sacramento non in scelus aliquod obstringere, sed ne furta, ne latrocinia, ne adulteria committerent, ne fidem fallerent, ne depositum appellati abnegarent. Quibus peractis morem sibi discedendi fuisse rursusque coeundi ad capiendum cibum, promiscuum tamen et innoxium, quod ipsum facere desisse post edictum meum, quo secundum mandata tua hetaerias esse vetueram.

Quo magis necessarium credidi ex duabus ancillis, quae ministrae dicebantur, quid esset veri, et per tormenta quaerere. Nihil aliud inveni quam superstitionem pravam, immodicam.

Ideo dilata cognitione ad consulendum te decurri. Visa est enim mihi res digna consultatione, maxime propter periclitantium numerum; multi enim omnis aetatis, omnis ordinis, utriusque sexus etiam, vocantur in periculum et vocabuntur. Neque civitates tantum, sed vicos etiam atque agros superstitio-

Bronzemünze im Namen des Kaisers Trajan aus Caesarea Maritima (Judaea), 112-117 n. Chr. Trajan mit verschleiertem Haupt (capite velato) links über einem Altar opfernd, in seiner Linken ein Füllhorn haltend.

mel unsre Götter anriefen und vor Deinem Bilde, das ich zu diesem Zweck zusammen mit den Statuen der Götter hatte bringen lassen, mit Weihrauch und Wein opferten, außerdem Christus fluchten, lauter Dinge, zu denen wirkliche Christen sich angeblich nicht zwingen lassen.

Andre, die der Denunziant genannt hat, gaben zunächst zu, Christen zu sein, widerriefen es dann aber; sie seien es zwar gewesen, hätten es dann aber aufgegeben, manche vor drei Jahren, manche vor noch längerer Zeit, hin und wieder sogar vor zwanzig Jahren. Auch diese alle bezeugten Deinem Bilde und den Götterstatuen ihre Verehrung und fluchten Christus.

Sie versicherten jedoch, ihre ganze Schuld oder ihr ganzer Irrtum habe darin bestanden, dass sie sich an einem bestimmten Tage vor Sonnenaufgang zu versammeln pflegten, Christus als ihrem Gott einen Wechselgesang zu singen und sich durch Eid nicht etwa zu irgendwelchen Verbrechen zu verpflichten, sondern keinen Diebstahl, Raubüberfall oder Ehebruch zu begehen, ein gegebenes Wort nicht zu brechen, eine angemahnte Schuld nicht abzuleugnen. Hernach seien sie auseinandergegangen und dann wieder zusammengekommen, um Speise zu sich zu nehmen, jedoch gewöhnliche, harmlose Speise, aber das hätten sie nach meinem Edikt, durch das ich gemäß Deinen Instruktionen Hetärien [politische Vereine] verboten hatte, unterlassen.

Für umso notwendiger hielt ich es, von zwei Mägden, sogenannten Diakonissen, unter der Folter ein Geständnis der Wahrheit zu erzwingen. Ich fand nichts andres als einen wüsten, maßlosen Aberglauben.

Somit habe ich die weitere Untersuchung vertagt, um mir bei Dir Rat zu holen. Die Sache scheint mir nämlich der Beratung zu bedürfen, vor allem wegen der großen Zahl der Angeklagten. Denn viele jeden Alters, jeden Standes, auch beiderlei Geschlechts sind jetzt und in Zukunft gefährdet. Nicht nur über die Städte, auch über Dörfer und Felder hat sich die Seuche dieses Aberglau-

nis istius contagio pervagata est; quae videtur sisti et corrigi posse.

Certe satis constat prope iam desolata templa coepisse celebrari et sacra sollemnia diu intermissa repeti passimque venire victimarum carnem, cuius adhuc rarissimus emptor inveniebatur. Ex quo facile est opinari, quae turba hominum emendari possit, si sit paenitentiae locus. (*ep.* 10,96)

bens verbreitet, aber ich glaube, man kann ihr Einhalt gebieten und Abhilfe schaffen.

Jedenfalls ist es ziemlich sicher, dass die beinahe schon verödeten Tempel allmählich wieder besucht, die lange ausgesetzten feierlichen Opfer wieder aufgenommen werden und das Opferfleisch, für das sich bisher nur ganz selten ein Käufer fand, überall wieder Absatz findet. Daraus gewinnt man leicht einen Begriff, welch eine Masse von Menschen gebessert werden kann, wenn man der Reue Raum gibt.

TRAIANUS PLINIO

Actum, quem debuisti, mi Secunde, in excutiendis causis eorum, qui Christiani ad te delati fuerant, secutus es. Neque enim in universum aliquid, quod quasi certam formam habeat, constitui potest. Conquirendi non sunt; si deferantur et arguantur, puniendi sunt, ita tamen, ut, qui negaverit se Christianum esse idque re ipsa manifestum fecerit, id est supplicando dis nostris, quamvis suspectus in praeteritum, veniam ex paenitentia impetret.

Sine auctore vero propositi libelli nullo crimine locum habere debent. Nam et pessimi exempli nec nostri saeculi est. (*ep.* 10,97)

Trajan an Plinius

Mein Secundus! Bei der Untersuchung der Fälle derer, die bei Dir als Christen angezeigt worden sind, hast Du den rechten Weg eingeschlagen. Denn insgesamt lässt sich überhaupt nichts festlegen, was gleichsam als feste Norm dienen könnte. Nachspionieren soll man ihnen nicht; werden sie angezeigt und überführt, sind sie zu bestrafen, so jedoch, dass, wer leugnet, Christ zu sein und das durch die Tat, das heißt: durch Anrufung unsrer Götter beweist, wenn er auch für die Vergangenheit verdächtig bleibt, auf Grund seiner Reue Verzeihung erhält.

Anonym eingereichte Klageschriften dürfen bei keiner Straftat Berücksichtigung finden, denn das wäre ein schlimmes Beispiel und passt nicht in unsre Zeit. (Übersetzung: P. Pilhofer)

T 1 Ermitteln Sie aus einem Vergleich des Pliniusbriefes und des Antwortschreibens Trajans die Schlüsselbegriffe in dem von Plinius zu entscheidenden Fall (Verhalten gegenüber Christen).

T 2 Entwerfen Sie in Partnerarbeit ein Schaubild, das die von Plinius beschriebene Sachlage verdeutlicht. Zeigen Sie dabei logische Brüche in der Darstellung des Plinius auf.

D Diskutieren Sie, ob der Inhalt des Briefwechsels auch heute noch Aktualität besitzt.

Methodenlehre

a) Wörterbuch

Die meisten Wörter eines lateinischen Textes erscheinen in flektierten Formen. Deshalb können Sie diese nur ausnahmsweise in der Form ihres Auftretens im Wörterbuch nachschlagen. Beachten Sie also bei der Benutzung eines Wörterbuches die folgenden Grundregeln:

- Verben erscheinen nicht im Infinitiv, sondern in der 1. Pers. Sg. Präs.: Finden Sie einen Eintrag auf *-ō*, handelt es sich um ein „normales" Verb; finden sie einen Eintrag auf *-or*, liegt ein Deponens vor. Formen von *esse* finden sie unter der 1. Pers. *sum*.
- Nomina (Substantive, Adjektive, Pronomina) erscheinen im Nom. Sg. unter Angabe des Geschlechts. Mit dieser Hilfe können Sie Adjektive bzw. Formen des PPP Substantiven sicher zuordnen.
- Arbeiten Sie bei der Übersetzung zunächst mit der Grundbedeutung des Wortes – gerade bei Wörtern mit sehr vielen Bedeutungensnuancen wie *res* ist das sehr hilfreich.
- Für eine treffende Übersetzung müssen Sie stets den Kontext beachten. Erst daraus ergibt sich z.B. die zutreffende Übersetzung von *consulere* – je nachdem, ob es ein Dativ- oder ein Akkusativobjekt nach sich zieht – oder *virtus* (Tugend oder Tapferkeit).
- Benutzen Sie Ihr Wörterbuch auch als Grammatikhilfe. Z.B. finden Sie bei den Subjunktionen *ut* bzw *cum* vermerkt, welche verschiedenen Sinnrichtungen ein von diesen Subjunktionen eingeleiteter Adverbialsatz haben kann.
- Arbeiten Sie genau, d.h. werfen Sie stets auch einen Blick auf das vorhergehende und nachfolgende Wort. Das hilft Ihnen, Verwechslungen – z.B. zwischen *eo* (dorthin) und *eo* (1. Pers von *ire*) – zu vermeiden.

b) Satzanalyse

Fertigen Sie für kompliziert gebaute Sätze vor der Übersetzung nach dem folgenden Muster eine Satzanalyse an, um ihre Konstruktion zu erfassen.

HS	NS1	NS2
1. *Volo enim eum,*		
	qui sit vere liberalis,	
tribuere patriae … amicis, *sed amicis dico pauperibus,* *non ut isti,*		
	qui iis potissimum donant,	
		qui donare … possunt. (*ep.* 9,30)
2. *Sunt ingenio simili,*		
	qui,	
		quod huic donant,
	auferunt illi famamque *liberalitatis avaritia petunt.* (*ep.* 9,30)	

Übersetzen Sie dann diese Sätze entsprechend der Wortfolge, da oft die zu Anfang gegebenen Informationen für das Verständnis des Folgenden Voraussetzung sind (z.B. Pronomina, die Substantive wieder aufgreifen; Adjektive, die sich auf zuvor genannte Substantive beziehen ...)

c) Recherche

Kein Mensch kann alles wissen. Deshalb müssen Sie sich Informationen beschaffen. Bedenken Sie dabei, dass das Internet (z.B. wikipedia) nur eine erste Anlaufstelle sein kann. Die dort vorgestellten Inhalte sollten Sie stets kritisch an der einschlägigen Fachliteratur überprüfen.

Wortschatz und Grammatik

WS 2

pietās	*pietātis* f	(dankbare) Liebe, Gerechtigkeit, Pflichtgefühl
quam		als, wie; *mit Superlativ*: möglichst
succēdere	*-cēdō, -cessī, -cessum*	(nach)folgen, nachrücken
gubernāculum		Steuerruder; Lenkung, Regierung
suscipere	*-cipiō, -cēpī, -ceptum* m. Akk.	auf sich nehmen, sich (einer Sache) annehmen, übernehmen, unternehmen
prosper	*prospera, prosperum*	glücklich, günstig
et ... et		sowohl ... als auch
mūnificentia		Freigebigkeit
longinquus	*longinqua, longinquum*	lang (zeitlich); weit entfernt
custōdīre	*custōdiō, custōdīvī*	bewachen, im Auge behalten; aufbewahren
valētūdō	*valētūdinis* f	Gesundheitszustand: Gesundheit, Krankheit
commodus	*commoda, commodum*	angemessen, angenehm, günstig
fīnīre	*fīniō, fīnīvī, fīnītum*	beenden
incohāre	*incohō*	beginnen
vel		oder; sogar
ut (primum)	Subj. m. Ind. Perf.	sobald
impedīre	*-pediō, -pedīvī, -pedītum*	hindern, verhindern
ergā	m. Akk.	gegen, gegenüber

GR 2

Briefformel

C. Plinius Traiano imperatori	C. Plinius an Kaiser Trajan
(s. d. p. ~ salutem dicit plurimam)	(C. Plinius grüßt Kaiser Trajan sehr herzlich.)

Begehrsätze (Objektsätze) / Finale Adverbialsätze

Opto, ut venias.	Ich wünsche, dass du kommst.
Permisi, ut templum aedificaretur.	Ich erlaubte, dass ein Tempel gebaut wurde.
Semper timebam, ne id facerent.	Immer fürchtete ich, dass sie das taten.
Te impedivi, ne id diceres.	Ich hinderte dich, das zu sagen.
Hoc patimur, ne alii nos crudeles putent.	Wir lassen das zu, damit die anderen uns nicht für grausam halten.

attributives Gerundiv

statuae ponendae causā	um eine Statue aufzustellen
causa statuae ponendae	der Grund für die Aufstellung einer Statue
ad statuam ponendam mittere	zur Aufstellung der Statue schicken
statuā ponendā forum ornare	durch die Aufstellung der Statue das Forum schmücken

NcI mit *videri*

Plinius Traiani amicissimus fuisse videtur.	Es scheint, dass Plinius ein sehr guter Freund von Trajan war.
Tibi hoc bene fecisse videor.	Ich scheine dir das gut gemacht zu haben. Es scheint dir, dass ich das gut gemacht habe. Du glaubst, dass ich das gut gemacht habe.
Mihi hoc efficere posse videmini.	Es scheint mir, dass ihr das schaffen könnt. Ich glaube, dass ihr das schaffen könnt.
Mihi haec fieri posse non videntur.	Mir scheint, dass das nicht geschehen kann.

WS 4

quiēs	*quiētis* f	Ruhe; Schlaf; Traum
genus	*generis* n	Abstammung; Art; Geschlecht
spectāculum		Schauspiel; (Amphi)Theater
semel	Adv.	einmal
puerīlis	*puerīle*	kindlich; kindisch
identidem	Adv.	immer wieder
ratiō	*ratiōnis* f	Grund, Vernunft, Überlegung; Art und Weise; Berechnung
favēre	*faveō, fāvī, fautum*	Beifall klatschen; gewogen sein
certāmen	*certāminis* n	Kampf, Streit; Wettkampf
color	*colōris* m	Farbe
illūc	Adv.	dahin, dorthin
hūc	Adv.	hierher
repente	Adv.	plötzlich, unerwartet
grātia		Ansehen, Beliebtheit; Dank, Gefälligkeit
auctōritās	*auctōritātis* f	Ansehen, Einfluss, Macht
vīlis	*vīle*	billig wertlos
recordārī	*recordor, recordātus sum*	sich erinnern; an etwas denken
inānis	*ināne*	leer, wertlos; eitel
frīgidus	*frīgida, frīgidum*	kalt; gleichgültig
ōtiōsus	*ōtiōsa, ōtiōsum*	müßig, literarisch beschäftigt; ruhig, friedlich

GR 4

AcI

Mirum est tot homines equos currentes videre cupere.	Es ist sonderbar, dass so viele Leute laufende Pferde sehen wollen.
Quos cum audio re tam inani delectari, gaudeo me eadem re non delectari.	Wenn ich höre, dass diese von einer so inhaltslosen Sache unterhalten werden, freue ich mich, dass ich nicht von derselben Sache unterhalten werde.

Adverb

Bene evenit, ut venias.	Es trifft sich gut, dass du kommst.
Melius evenit, ut venias.	Es trifft sich ziemlich gut, dass du kommst.
Optime evenit, ut venias.	Es trifft sich sehr gut, dass du kommst.
Hoc libenter feci.	Das habe ich gerne getan.
Hoc libentius feci.	Das habe ich ziemlich gerne getan.
Hoc libentissime feci.	Das habe ich sehr gerne getan.

Relativsatz mit konsekutivem Nebensinn

Sunt, qui hoc dicant.	Es gibt Leute, die das sagen.
Circenses digni non sunt, qui spectentur.	Zirkusspiele sind es nicht wert, angesehen zu werden.
Nam in iis nihil est, quod vere delectet.	Denn es gibt daran nichts, was wirklich unterhält.

Irrealis

Si hoc videres, gauderes.	Wenn du das sähest, freutest du dich (würdest du dich freuen).
Si hoc vidisses, gavisus esses.	Wenn du das gesehen hättest, hättest du dich gefreut.

WS 5

quam		als, wie; *mit Superlativ*: möglichst
frequentāre	*frequentō*	regelmäßig / häufig besuchen
sīgnāre	*sīgnō*	mit einem Zeichen versehen; (ver)siegeln
testāmentum		letzter Wille; Testament
cottīdiē	Adv.	täglich
inānis	*ināne*	leer, wertlos; eitel
subīre	*subeō, subiī, subitum*	auf sich nehmen, herangehen; jdn. überkommen
recordātiō	*recordātiōnis* f	Erinnerung; Gedanke
frīgidus	*frīgida, frīgidum*	kalt; gleichgültig
vacāre	*vacō* (m. Dat.)	Zeit haben (für etw.)
sustinēre	*sustineō*	ertragen, standhalten; aufrechterhalten
paenitet	m. Inf. / m. AcI	man bereut etw. zu tun
sinister	*sinistra, sinistrum*	links, trügerisch, falsch
carpere	*carpō, carpsī, carptum*	pflücken; zerpflücken, verspotten
parum	Adv.	(zu) wenig
dictāre	*dictō*	diktieren
ineptus	*inepta, ineptum*	unbrauchbar, unpassend; töricht
ut (prīmum)	Subj. m. Ind. Perf.	sobald
occāsiō	*occāsiōnis* f	Gelegenheit, Möglichkeit
facētus	*facēta, facētum*	anmutig, elegant; witzig, geistreich
ōtiōsus	*ōtiōsa, ōtiōsum*	müßig, literarisch beschäftigt; ruhig, friedlich

GR 5

NcI

Mihi hae res inanes <esse> videntur.	Es scheint mir, dass diese Dinge wertlos sind.
Haec, quae inania putare videaris, alii laudant.	Was du für wertlos zu halten scheinst, (das) loben andere.

attributives Gerundiv

ad testamentum signandum vocari	zur Unterzeichnung eines Testaments gerufen werden
libris legendis multum discere	durch die Lektüre von Büchern viel lernen

Potentialis

Si quem roges, hoc dicat.	Wenn du irgendwen bittest, sagt er wohl Folgendes.
Si hoc audiverit, verum esse dixerit.	Wenn er das hört, dürfte er sagen, dass es wahr ist.
Nemo hoc credat / crediderit.	Das dürfte niemand glauben (glaubt wohl niemand).

Ablativ des Vergleichs

Nulla vita beatior est mea.	Kein Leben ist glücklicher als meines.
Nihil pulchrius est quam hoc otium. / Nihil pulchrius est hoc otio.	Nichts ist schöner als diese Ruhe.

WS 6

longum est	m. Inf.	es würde zu weit führen, etw. zu tun
rēfert	(m. Gen.)	es ist wichtig (für jmd.)
lautus	*lauta, lautum*	sauber; vornehm, fein
pōnere	*pōnō, posuī, positum*	(auf)stellen, (hin)legen, setzen; auftischen

potestās	*potestātis* f	(Amts-)Gewalt, Macht; Möglichkeit
ēligere	*ēligō, ēlēgī, ēlēctum*	auswählen
recūsāre	*recūsō*	zurückweisen, ablehnen
lībertus		Freigelassener (ehemaliger Sklave)
cōnsuētūdō	*cōnsuētūdinis* f	Gewohnheit
invītāre	*invītō*	einladen
mēnsa		Tisch
magnō cōnstāre		viel kosten; teuer zu stehen kommen
quī	Adv.	wie
scīlicet	Adv.	freilich, natürlich, selbstverständlich
temperāre	*m. Akk.*	lenken, ordnen
	m. Dat.	maßvoll gebrauchen, zurückhalten
commūnicāre	*commūnicō*	mitteilen; teilen
continentia		Zurückhaltung, Selbstbeherrschung
luxūria		Luxus, Genusssucht
frūgālitās	*frūgālitātis* f	Anspruchslosigkeit, Sparsamkeit, Besonnenheit
societās	*societātis* f	Gemeinschaft, Verbindung; Bündnis
discrētus	*discrēta, discrētum*	getrennt

GR 6

Relativsätze als Subjekt oder Objekt

Qui id audiverant, te laudaverunt.	Diejenigen, welche das gehört hatten, lobten dich.
Non reprehendo, quos invito.	Ich kritisiere nicht diejenigen, welche ich einlade.

Substantivierung von Adjektiven / Pronomina

boni, orum m Pl. / mali, orum m Pl.	gute Menschen / böse Menschen
multa, orum n Pl. / omnia, ium n Pl.	viele Dinge ~ viel(es) / alle Dinge ~ alles
sui, orum m Pl. / sua, orum n. Pl.	die eigenen Angehörigen / Hab und Gut, Besitz
quaedam n Pl.	gewisse Dinge / einige Dinge ~ einiges
ea, quae n Pl.	die Dinge, welche ~ das, was

Gerundium

potestas bibendi	die Möglichkeit zu trinken
occasio amicos invitandi	die Gelegenheit, Freunde einzuladen

prädikatives Gerundiv

Nobis vitia vitanda sunt.	Von uns müssen Fehler vermieden werden. Wir müssen Fehler vermeiden.
Mihi vita tua reprehendenda non est.	Von mir darf dein Leben nicht kritisiert werden. Ich darf dein Leben nicht kritisieren.

WS 7

pietās	*pietātis* f	fromme Gesinnung, dankbare Liebe, Pflichtgefühl
cāritās	*cāritātis* f	hoher Preis, Teuerung; (reine) Liebe
fore	(Inf. Fut. von *esse*)	sein werden
dīgnus	*dīgna, dīgnum* (m. Abl.)	wert, würdig (einer Sache)
frūgālitās	*frūgālitātis* f	Anspruchslosigkeit, Sparsamkeit, Besonnenheit
cāstitās	*cāstitātis* f	Sittenreinheit, Keuschheit
concipere	*concipiō, concēpī, conceptum*	aufnehmen, erfassen; schwanger werden
sollicitūdō	*sollicitūdinis* f	innere Unruhe, Besorgnis

dispōnere	*dispōnō, disposuī, dispositum*	aufstellen, verteilen; ordnen
(ali)quandō	Adv.	(irgendwann) einmal
discrētus	*discrēta, discrētum*	getrennt
avidus	*avida, avidum* (m. Gen.)	gierig, habsüchtig
versus	*versūs*	Vers
cantāre	*cantō*	singen
in diēs		von Tag zu Tag
concordia		Eintracht, Harmonie
paulātim	Adv.	allmählich
decet		es ziemt sich, es schickt sich
ēducāre	*ēducō*	aufziehen, erziehen
praeceptum		Vorschrift, Lehre
grātiās agere		Dank sagen
ēligere	*ēligō, ēlēgī, ēlēctum*	auswählen

GR 7

Genitivus obiectivus

amor fratris	die Liebe des Bruders (gen. subi.). die Liebe zum Bruder (gen. obi.)
amantissimus sororis	einer, der seine Schwester sehr lieb hat
neglegens officii	pflichtvergessen
studium litterarum	das Interesse für die Wissenschaften (Literatur)

Dativus finalis

Hoc mihi magno usui est.	Das ist mir von großem Nutzen (nützt mir sehr).
Hoc mihi magno gaudio est.	Das bereitet mir große Freude (freut mich sehr).

Konjunktiv im Relativsatz

Uxor servum misit, qui omnia nuntiaret.	Die Ehefrau schickte einen Diener, der alles melden sollte.
Ille non est dignus, qui laudetur.	Jener ist nicht würdig (hat es nicht verdient), dass er gelobt wird (gelobt zu werden).

Ablativus absolutus (gleichzeitig)

Magistro docente cum amico colloquor.	Während der Lehrer unterrichtet, unterhalte ich mich mit meinem Freund.
Nobis laborantibus tu carmina scripsisti.	Während / als wir arbeiteten, hast du Gedichte geschrieben.

WS 8 Text A und B

dīgredī	*dīgredior, dīgressus sum*	weggehen
interdum	Adv.	manchmal
gravitās	*gravitātis* f	Schwere, Bedeutung, Würde; Strenge
error	*errōris* m	Irrtum; Irrfahrt
admonēre	*admoneō* (m. Gen.)	auffordern, ermahnen; erinnern (an)
sevēritās	*sevēritātis* f	Strenge, Ernst
(ali)quandō	Adv.	(irgendwann) einmal
tractāre	*tractō*	bearbeiten; behandeln
ūtī	*ūtor, ūsus sum* m. Abl.	benützen, gebrauchen

meminisse	*meminī* m. Gen./Akk.; m. AcI	sich erinnern an; daran denken
nō(vi)sse	*nōvī* Perf.	kennen, wissen
īrāscī	*īrāscor* (m. Dat.)	in Zorn geraten, zornig sein (gegen/über)
clēmentia		Milde, Nachsicht
decet		es ziemt sich, es schickt sich
cottīdiē	Adv.	täglich
abstinēre	*abstineō*	fernhalten; sich fernhalten
proinde	Adv.	also, daher
domī	Adv.	zu Hause
forīs	Adv.	außerhalb, draußen; im Krieg
memoriae mandāre		sich einprägen
crēbrō	Adv.	häufig, zahlreich

GR 8 Text A und B

Ablativus absolutus (vorzeitig)

Puero villam ingresso vocatus sum.	Nachdem der Junge das Haus betreteten hatte, wurde ich gerufen.
Villa tempestate deleta questus non sum.	Obwohl das Haus vom Sturm zerstört worden war, beklagte ich mich nicht.

AcI

Memini me hominem esse.	Ich erinnere mich daran (ich vergesse nicht), dass ich ein Mensch bin.
Novistine te patrem hominis esse?	Weißt du, dass du der Vater eines Menschen bist?

Hortativ

Hoc memoria teneamus!	Lasst uns das im Gedächtnis behalten!
Gaudeamus igitur!	Lasst uns also uns freuen (Wollen wir uns also freuen)!

Imperativ von Deponentien

Utere consilio meo!	Gebrauche meinen Rat!
Sequimini consilia mea!	Folgt meinen Ratschlägen!

WS 8 Text D

Athēnīs		in Athen
silentium		Schweigen, Stille
attendere	*attendō, attendī, attentum*	hinstrecken, spannen; aufmerksam sein
strepitus	*strepitūs*	Lärm, Geräusch
appārēre	*appāreō*	erscheinen; offenkundig sein
barba		Bart
capillus		Haar
crūs	*crūris* n	Bein
catēna		Kette, Fessel
quatere	*quatiō*	schütteln; erschüttern
vigilāre	*vigilō*	wachen, unermüdlich tätig sein
abscēdere	*abscēdō, abscessī, abscessum*	weggehen, sich zurückziehen
imāgō	*imāginis* f	Abbild, Bild; Gespenst
mōnstrum		Ungeheuer, Gespenst

seu (sīve) ... seu (sīve)		sei es, dass ... oder dass
condūcere	*condūcō, condūxī, conductum*	zusammenführen, anwerben, mieten
īgnārus	*īgnāra, īgnārum* (m. Gen.)	ohne Kenntnis, unwissend
Athēnās		nach Athen
suspectus	*suspecta, suspectum*	verdächtig
stilus		Schreibgriffel
vacuus	*vacua, vacuum*	leer, frei
līmen	*līminis* n	Türschwelle; Haus
digitus		Finger
sīgnificāre	*sīgnificō*	ein Zeichen geben, anzeigen
gradus	*gradūs*	Schritt, Rang, Stufe
ārea		(freier) Platz, Fläche
dīlābī	*dīlābor, dīlāpsus sum*	zerfallen, sich auflösen, entschwinden
herba		Gras, Kraut
folium		Blatt
os	*ossis* n	Knochen
sepelīre	*sepeliō*	begraben, bestatten
mānēs	*mānium* m Pl.	die Manen (die göttlich verehrten Seelen der Toten)

GR 8 Text D

Ablativ der Beschaffenheit

senex barba nigra et capillo longo	ein Greis mit schwarzem Bart und langem Haar
bono animo esse	guten Mutes sein; zuversichtlich sein

Ablativ des Vergleichs

Metus longior erat causā metūs.	Die Angst hielt länger an als ihr Grund.

Ablativ des Grundes

amore motus	aus Liebe (von Liebe bewegt)
morbo confectus	von der Krankheit erschöpft (fertig gemacht)

Ablativus absolutus

Crescente timore domum reliqui.	Weil (Als) die Angst wuchs, verließ ich das Haus.
Audito pretio vir domum emit.	Der Mann kaufte das Haus, nachdem (obwohl) er den Preis gehört hatte.

Substantivierung des PPA

scribens, scribentis	ein Schreib(end)er (einer, der schreibt)
vocans, vocantis	ein Rufer (einer, der ruft)

WS 9

praeceptor	*praeceptōris* m	Lehrer
(meā/tuā/nostrā/vestrā) interest		es ist wichtig (für mich/dich/uns/euch)
potissimum	Adv.	am liebsten, hauptsächlich
morārī	*moror, morātus sum*	(sich) aufhalten
domī	Adv.	zu Hause
cōnferre	*cōnferō, contulī, collātum*	vergleichen; zusammentragen; (Geld) sammeln
condūcere	*condūcō, condūxī, conductum*	zusammenführen, anwerben, mieten
impendere	*impendō, impendī, impēnsum*	aufwenden, ausgeben, verwenden

nōndum	Adv.	noch nicht
parātus	*parāta, parātum*	bereit
remedium		Heilmittel
necessitās	*necessitātis* f	Notlage, Notwendigkeit; *Pl.:* Ausgaben, Bedürfnisse
fortasse	Adv.	vielleicht
proinde	Adv.	also, daher
cōnsentīre	*cōnsentiō, cōnsēnsī, cōnsēnsum*	übereinstimmen, sich einigen
quam		als, wie; *mit Superlativ:* möglichst
ēducāre	*ēducō*	aufziehen, erziehen
īnfantia		Kindheit
fīnitimus	*fīnitima, fīnitimum*	benachbart, angrenzend

GR 9

Iussiv

Doceatur hic, qui hic nascitur!	Wer hier geboren wird, soll hier unterrichtet werden.
Consuescant patriam amare!	Sie sollen sich daran gewöhnen, die Heimat zu lieben!

Optativ

Utinam magistros bonos conducatis!	Hoffentlich werbt ihr gute Lehrer an!
Velim magistros bonos conduxeritis!	Hoffentlich habt ihr gute Lehrer angeworben!
Utinam magistros bonos conduceretis!	Wenn ihr doch gute Lehrer anwerben würdet!
Vellem magistros bonos conduxissetis!	Wenn ihr doch gute Lehrer angeworben hättet!
Utinam mea verba ne neglegas!	Vernachlässige bitte meine Worte nicht!
Utinam mea verba ne neglexisses!	Wenn du doch meine Worte nicht vernachlässigt hättest!

Adverb

Hoc patres opportune audiverunt.	Das hörten günstigerweise die Väter.
Hoc vehementer postulo.	Das fordere ich mit Nachdruck.
Nullo loco iucundius vivunt quam hic.	Nirgends leben sie angenehmer als hier.
Hic iucundissime vivunt.	Hier leben sie am angenehmsten.

WS 10

malum		Leid, Übel, Unglück
figūra		Form, Gestalt; Redefigur, Stilmittel
dictāre	*dictō*	diktieren
incidere	*incidō, incidī* (m. Dat.)	fallen (auf etw.); treffen (auf jmd./etw.)
quō ... eō	m. Komparativ	je ... desto
calidus	*calida, calidum*	warm
dēnsus	*dēnsa, dēnsum*	dicht
niger	*nigra, nigrum*	schwarz, dunkel
lapis	*lapidis* m	Stein
subitus	*subita, subitum*	plötzlich, unerwartet
cūnctārī	*cūnctor, cūnctātus sum*	zögern
complectī	*complector, complexus sum*	umarmen
trepidāre	*trepidō*	sich ängstigen, zittern
sēcūritās	*sēcūritātis* f	Gemütsruhe; Sicherheit
balineum		Bad
trepidātiō	*trepidātiōnis* f	Unruhe, Verängstigung

remedium		Heilmittel
quiēs	*quiētis* f	Ruhe; Schlaf; Traum
amplitūdō	*amplitūdinis* f	Geräumigkeit, großer Umfang; Ansehen
līmen	*līminis* n	Türschwelle; Haus
alibī	Adv.	anderswo
permanēre	*permaneō, permānsī*	verbleiben, fortdauern
semel	Adv.	einmal, das erste Mal
frīgidus	*frīgida, frīgidum*	kalt; gleichgültig
integer	*integra, integrum*	unverletzt; rein; unbescholten

GR 10

Ablativ des Vergleichs

Illa nox nigrior omnibus noctibus erat. — Jene Nacht war schwärzer als alle (anderen) Nächte.

Participium coniunctum

Plinius non diu cunctatus proficiscitur. — Plinius bricht auf, nachdem er nicht lange gezögert hat / ohne lange zu zögern.

Amico vehementer monenti hoc respondit. — Seinem Freund antwortete er Folgendes, als dieser ihn nachdrücklich warnte.

Substantivierung des PPA

Plinius timentem confirmavit. — Plinius ermutigte den Ängstlichen (Mann).

Omnes contra incidentia se defenderunt. — Alle schützen sich gegen herabfallende Gegenstände.

Relativer Satzanschluss

Villae ardebant. Quas cum vidisset, ... — Die Landhäuser brannten. Als er diese gesehen hatte …

Villae ardebant. Quod cum vidisset, ... — Die Landhäuser brannten. Als er das gesehen hatte ...

WS 11

dēcēdere	*dēcēdō, dēcessī, dēcessum*	weggehen; sterben
ēlegāns	*ēlegantis*	elegant, erlesen, geschmackvoll
ūtī	*ūtor, ūsus sum* m. Abl.	benützen, gebrauchen
solēre	*soleō, solitus sum* (m. Inf.)	gewohnt sein, gewöhnlich etwas tun
ūsus	*ūsūs*	Benutzung, Nutzen; praktische Erfahrung
prōmptus	*prōmpta, prōmptum*	bereit; entschlossen, rasch; freimütig
testāmentum		letzter Wille, Testament
tolerābilis	*tolerābile*	erträglich
imperfectus	*imperfecta, imperfectum*	unvollendet
exitus	*exitūs*	Ausgang; (Lebens-)Ende
absolvere	*absolvō, absolvī, absolūtum*	lösen; freisprechen; vollenden
tantō ... quantō	m. Komparativ	je ... desto
cottīdiē	Adv.	täglich
posterī	*posterōrum* m Pl.	Nachkommen
incohāre	*incohō*	anfangen
recordārī	*recordor, recordātus sum*	sich an etwas erinnern

frūstrā	Adv.	vergeblich
mortālitās	*mortālitātis* f	Sterblichkeit
cōgitātiō	*cōgitātiōnis* f	das Nachdenken; der Gedanke
proinde	Adv.	also, daher
quam		als, wie; *mit Superlativ*: möglichst

GR 11

Relativsätze als Subjekt oder Objekt

Qui sic vivunt, vivere nesciunt.	Diejenigen, die so leben, verstehen es nicht zu leben. Wer so lebt, versteht es nicht zu leben.
Violavit, quos amat.	Er hat die verletzt, die er liebt.
Donavit, quibus iratus est.	Er beschenkte die, über die er zornig war.

Attributives Gerundiv

in agendis causis occupatus	mit der Führung von Prozessen beschäftigt
causa huius viri defendendi	der Grund der Verteidigung dieses Mannes
huius viri defendendi causa	wegen der Verteidigung dieses Mannes / um diesen Mann zu verteidigen

Gerundium

ars vivendi	die Kunst zu leben
causa vivendi	der Grund zu leben
vivendi causa	um zu leben

WS 12

māne	Adv.	am Morgen
ambulāre	*ambulō*	herumgehen, spazieren gehen
mīlia passuum		1 Meile
interdum	Adv.	manchmal
explicāre	*explicō*	entfalten, entwickeln; erklären
vehiculum		Fahrzeug, Wagen
ascendere	*ascendō, ascendī, ascēnsum*	besteigen, hinaufsteigen (zu)
singulāris	*singulāre*	einzeln; einzigartig
antīquitās	*antīquitātis* f	alte Zeit; gute alte Sitte
praeceptum		Vorschrift, Lehre
modestia		Anstand, Bescheidenheit
peragere	*peragō, perēgī, perāctum*	durchführen, vollenden
cubiculum		Schlafzimmer, Zimmer
stilus		Schreibgriffel
uterque	*utraque, utrumque*	beide; jeder (von zweien)
doctus	*docta, doctum*	gelehrt
sānctitās	*sānctitātis* f	Heiligkeit, Ehrwürdigkeit
ubi		wo; sobald
balineum		Bad
hiems	*hiemis* f	Winter, Unwetter
exercitātiō	*exercitātiōnis* f	Übung; Leibesübung, Sport
senectūs	*senectūtis* f	(hohes) Alter, Greisenalter
pūrus	*pūra, pūrum*	rein, klar
integer	*integra, integrum*	unverletzt; rein; unbescholten

agilis	*agile*	beweglich; tätig, geschäftig
prūdentia		Wissen, Klugheit
vōtum		Gebet, Gelübde, Wunsch
cōgitātiō	*cōgitātiōnis* f	das Nachdenken; der Gedanke
avidus	*avida, avidum* (m. Gen.)	gierig, habsüchtig
ut (prīmum)	Subj. m. Ind. Perf.	sobald

GR 12

Ablativus absolutus (nominale Wendungen)

amico praesente	in Anwesenheit des Freundes
amico invito	gegen den Willen des Freundes
amico vivo	zu Lebzeiten des Freundes
amico auctore	auf Veranlassung des Freundes
amico duce	unter der Führung des Freundes

Genitiv der Beschaffenheit

uxor singularis exempli	eine Ehefrau von einzigartiger Vorbildlichkeit / Beispielhaftigkeit
magni ingenii esse	große Begabung besitzen

Genitivus partitivus

tria milia passuum	drei Meilen
multum / parum / satis temporis	viel / zu wenig / genügend Zeit
nihil novi	nichts Neues
tantum / quantum amoris	so viel / wie viel Liebe

Originaltext und Übersetzungen

C. Plini Caecili Secundi Epistularum libri decem. Recognovit brevique adnotatione critica instruxit R. A. B. Mynors. Oxford 1990.

C. Plinius Caecilius Secundus: Briefe. Epistularum libri decem. Lateinisch-deutsch ed. Helmut Kasten. Zürich [7]1995.

C. Plinius Caecilius Secundus: Briefe. Epistulae. Sämtliche Briefe. Lateinisch-deutsch. Übers. und hrg. von Heribert Philips und Marion Giebel. Stuttgart 2010.

C. Plinius Secundus: Der Briefwechsel mit Trajan. Das 10. Buch der Briefe. Übers. und hrg. von Marion Giebel. Stuttgart 1985.

Plinius der Jüngere: Panegyrikus. Lobrede auf den Kaiser Trajan. Hrg., eingel. und übers. von Werner Kühn. Darmstadt [2]2008.

Sekundärliteratur

Hans-Peter Bütler: Die geistige Welt des jüngeren Plinius. Heidelberg 1970.

Jostein Gaarder: Sofies Welt. Roman über die Geschichte der Philosophie. München-Wien 1993.

Heiner Knell: Kaiser Trajan als Bauherr. Macht und Herrschaftsarchitektur. Darmstadt 2010.

Eckard Lefevre: Plinius-Studien. Gymnasium 84/6. Heidelberg 1977.

Annette Nünnerich-Asmus (Hrg.): Traian. Ein Kaiser der Superlative am Beginn einer Umbruchzeit. Mainz 2002.

Karl Strobel: Kaiser Traian. Eine Epoche der Weltgeschichte. Regensburg 2010

Stoa und Epikureismus

„Der Name Stoiker kommt vom griechischen Wort für „Säulengang" (Stoa). Der Stoizismus sollte später für die römische Kultur große Bedeutung erlangen. Wie Heraklit meinten die Stoiker, dass alle Menschen an derselben Weltvernunft – oder am selben *Logos* – teilhätten. Sie hielten jeden Menschen für eine Welt im Miniaturformat, einen „Mikrokosmos", der den „Makrokosmos" widerspiegelt. Das führte zu dem Gedanken an ein allgemeingültiges Recht, das sogenannte Naturrecht. Das Naturrecht gründet auf der zeitlosen Vernunft des Menschen und des Universums und ändert sich deshalb nicht mit Zeit und Ort. (...) Als echte Kinder ihrer Zeit waren die Stoiker ausgeprägte „Kosmopoliten". Sie waren also offener für die zeitgenössische Kultur als die „Tonnenphilosophen" (die Kyniker). Sie wiesen auf die Gemeinschaft der Menschen hin, interessierten sich für Politik, und einige von ihnen waren aktive Staatsmänner, zum Beispiel der römische Kaiser Marc Aurel (121-180). Sie trugen dazu bei, in Rom griechische Kultur und Philosophie zu verbreiten, was besonders für den Redner, Philosophen und Politiker Cicero (106-43 v. Chr.) gilt. Er prägte den Begriff Humanismus für eine Weltanschauung, die den einzelnen Menschen in den Mittelpunkt rückt. Der Stoiker Seneca (4 v. Chr. bis 65 n. Chr.) schrieb einige Jahre später, der Mensch sei dem Menschen heilig. Das wurde für die Nachwelt zu einer Art Schlagwort des Humanismus. Außerdem betonten die Stoiker, dass alle Naturprozesse – zum Beispiel Krankheit und Tod – den unwandelbaren Gesetzen der Natur folgen. (...) Nichts geschieht zufällig, meinten sie. Alles geschieht notwendigerweise, und es hilft wenig, seine Not zu bejammern, wenn das Schicksal an die Tür klopft. Auch die glücklichen Umstände des Lebens muss der Mensch mit größter Ruhe hinnehmen. (...) Noch heute sprechen wir von „stoischer Ruhe", wenn sich ein Mensch nicht von seinen Gefühlen mitreißen lässt. (...)

Um das Jahr 300 v. Chr. begründete Epikur (341-270) in Athen eine philosophische Schule (die Epikureer). Angeblich trafen sich die Epikureer in einem Garten. Deshalb wurden sie auch als „Gartenphilosophen" bezeichnet. Über dem Gartentor soll gestanden haben: „Fremder, hier wirst du es gut haben. Hier ist die Lust das höchste Gut." Epikur stellte klar, dass das lustvolle Ergebnis einer Handlung immer mit ihren eventuellen Nebenwirkungen verglichen werden muss. Wenn Du je zuviel Schokolade gegessen hast, verstehst Du, was ich meine. (...) Epikur wollte ebenfalls sein kurzfristiges lustvolles Resultat mit einer größeren, dauerhafteren und intensiveren Lust auf längere Sicht vergleichen. (Es ist zum Beispiel denkbar, dass Du beschließt, ein Jahr lang keine Schokolade zu essen, weil Du lieber Dein Taschengeld für ein neues Fahrrad oder eine Auslandsreise sparst.) Im Gegensatz zu Tieren hat der Mensch nämlich die Möglichkeit, sein Leben zu planen. Er hat die Fähigkeit, eine „Lustrechnung" anzustellen. Epikur betonte aber, dass „Lust" nicht unbedingt dasselbe ist wie sinnlicher Genuss – zum Beispiel Schokolade. Auch die Freundschaft und das Erlebnis eines Kunstwerks können lustvoll sein. Eine Voraussetzung für den Genuss des Lebens sind außerdem alte griechische Ideale wie Selbstbeherrschung, Mäßigkeit und Gemütsruhe. Denn die Begierde muss gezügelt werden. Auf diese Weise wird uns Gemütsruhe auch helfen, Schmerzen zu ertragen. (...) Im Gegensatz zu den Stoikern interessierten sich die Epikureer nur wenig für Politik und Gesellschaft. „Lebe im Verborgenen!" lautete Epikurs Rat. Wir können seinen Garten vielleicht mit heutigen Wohngemeinschaften vergleichen. Nach Epikur entwickelten viele Epikureer sich in Richtung einer einseitigen Genusssucht. Ihr Motto wurde: „Lebe im Augenblick!" Das Wort „Epikureer" wird heute gerne abwertend auf einen „Lebemenschen" angewandt."

(Jostein Gaarder: *Sofies Welt*, 158-162)

Griechische Philosophen und ihre Schulen

Vorsokratiker (ca. 600-400 v. Chr.)	Natur (Welterkenntnis) Woher kommen Welt und Mensch? z.B. Thales, Pythagoras, Heraklit, Demokrit
Sokrates (470-399 v. Chr.)	Mensch (Selbsterkenntnis) Wie kann der Mensch ein gutes Leben führen?
Platon und Aristoteles (4. Jh. v. Chr.)	Staat (ideal – Platon; real – Aristoteles) Wie wird der Mensch in einem Staat glücklich? Platon gründet die Akademie (385 v. Chr. bis 529 n. Chr.). Aristoteles gründet den Peripatos (334 bis ca. 86 v. Chr.).

Hellenismus (ab ca. 300 v. Chr.)

Ethik (Eudaimonie: Glück)
Wie wird der Einzelne glücklich?

Zenon von Kition (ca. 333-262 v. Chr.)	Epikur (ca. 341-270 v. Chr.)
Stoa	**Kepos**

gemeinsame Grundüberzeugung

Das Glück wird nicht begründet von äußeren Gütern wie Reichtum und Macht.
Der Schlüssel zum Glück liegt in der richtigen Einstellung zu den Dingen.

Weltdeutung

Stoa	Kepos
Die Welt wird gelenkt von einer göttlichen Vernunft (*ratio*).	Es gibt zwar Götter, aber sie kümmern sich nicht um die Welt und die Menschen.
→ Alles ist vorherbestimmt (*fatum*).	→ Alles ist Zufall (*fortuna*).
Alle Menschen sind gleich, da in jedem ein Funke des göttlichen Geistes wohnt.	Die Welt, auch der Mensch, besteht aus Atomen.
Jeder Mensch besteht aus einem sterblichen Körper und einer unsterblichen Seele.	Nach dem Tod ist alles zu Ende, da Körper und Geist wieder in die Atome zerfallen.

Lebenspraxis

Stoa	Kepos
virtus	*voluptas*
Einsatz für Staat und Mitmensch	Rückzug aus Staat und Gesellschaft
Lebensmittelpunkt: Stadt	Lebensmittelpunkt: Land und Freundeskreis
Streben nach Ruhm	Streben nach Ruhe

Bildnachweis
Archiv für Kunst und Geschichte / Electa, Berlin – S. 31; Archiv für Kunst und Geschichte / Erich Lessing, Berlin – S. 29; Archiv für Kunst und Geschichte / Nimatallah, Berlin – S. 29; Archiv i.motion gmbh, Bamberg – Einband, S. 8, 10, 15, 27, S. VII; dpa Picture-Alliance / Abaca Gregorio Binuya, Frankfurt – S. 25; dpa Picture-Alliance / ANSA, Samantha Zucchi, Frankfurt – S. 25; dpa Picture-Alliance / epa, Keystone, Klaunzer, Frankfurt – S. 25; Fotolia – Gernot Krautberger – S. 23; Araldo de Luca, Rom – S. 13 (2); Luxus und Dekadenz. Römisches Leben am Golf von Neapel. Darmstadt 2007 – S. 17; Photo Scala / Courtesy of the Ministero Beni e Att. Culturali, Florenz – S. 7; The Trustees of the British Museum, London – S. 19; www.wikimedia.org_DcoetzeeBot – S. 21; www.wikipedia.org_GunPowderMa – S. 11; www.wikipedia.org_JoeMabel – S. 11; www.wikipedia.org_MatthiasKabel – S. 11; www.wikimedia.org_Wolfgang Sauber – S. 5.